Hans Krebs / Arno Pagel

Du hast mein Leben so reich gemacht

Verlag der
Francke-Buchhandlung GmbH
Marburg an der Lahn

CIP-Kurztitelaufnahme der Deutschen Bibliothek

Krebs, Hans:
Du hast mein Leben so reich gemacht / Hans Krebs; Arno Pagel. –
Marburg an der Lahn: Francke, 1981.
(Edition C: C; 53)
ISBN 3-88224-205-1
NE: Pagel, Arno; Edition C / C

4. erweiterte Auflage
18.–20. Tausend

3550 Marburg an der Lahn
Umschlaggestaltung: Egon Schwartz
Umschlagfoto: J. Vogler, Oberstdorf
Gesamtherstellung:
St.-Johannis-Druckerei C. Schweickhardt, 7630 Lahr-Dinglingen
Printed in Germany 19632/1983

Inhalt

Vorwort

Hans Krebs, dem Gründer und langjährigen Leiter des Christlichen Freizeitheims in Oberstdorf, ist ein sehr bewegtes Leben zuteil geworden. Das gilt zunächst für den beruflichen Weg, der nicht nur den Dienst in dem genannten Heim umfaßt. Hans Krebs ist in vielen Aufgaben und Tätigkeiten tüchtig gewesen: als Töpfer, Ofensetzer, Fliesenleger, Tierzüchter (Pelztiere, Hühner und Bienen), Landwirt, Erbauer einer Fabrik für Tierkörperverwertung, Betriebsleiter, Maschinist, Chauffeur u. a. Dadurch war sein Leben abwechslungsreich und spannend.

Erst recht gilt das für den geistlichen Bereich. Hans Krebs ist von einem bestimmten Datum seines Lebens an bewußt an den lebendigen Gott gläubig gewesen. Er hat die Nachfolge Jesu Christi erwählt. Er hat sich im Reich des Herrn tatkräftig und unermüdlich eingesetzt: zunächst in der Jugendarbeit des CVJM und später des EC, dann in der Mission unter Strafgefangenen und im Wandererheim für die »Brüder von der Landstraße«. Das Christliche Freizeitheim schließlich hat ihn in ganz Deutschland bekannt gemacht.

Schwere Wege sind ihm und seiner geliebten Frau nicht erspart geblieben. Was war das für ein Leid, als drei Söhne in den Bergen tödlich abstürzten! Doch Hans Krebs ist von seinem Gott gehalten worden. Er hat ihn in hellen und dunklen Tagen durch Glauben und Vertrauen geehrt. Wie bewegt, wie spannend ist alles verlaufen! Davon ist in diesem Buch berichtet.

Hans Krebs hat mir einen umfangreichen Stoff unterbreitet. Diesen habe ich gesichtet und für den Druck bearbeitet. Ich hoffe, das ist so geschehen, daß auf keinen Menschen Ruhm und Ehre fällt, sondern daß allein der starke und treue Gott gelobt wird, der das Leben der Seinen interessant, reich und gesegnet macht.

In weniger als zwei Jahren ist eine 3. Auflage des Buches nötig geworden. Sie ist um sieben Erlebnisse erweitert worden. Dieser Nachtrag beginnt auf Seite 111.

Arno Pagel

Einer von vierzehn

In Mittelfranken, einem Teil des Freistaates Bayern, liegt das schöne, liebliche Altmühltal und in diesem Tal meine Heimatstadt Gunzenhausen. Dort erblickte ich als elftes von insgesamt vierzehn Kindern am 23. Mai 1902 das Licht der Welt. Meine Mutter hatte es in der Zeit vor meiner Geburt nicht leicht. Es lastete eine große Arbeitsfülle auf ihr, und es ging durch viele Sorgen und Nöte. Da blieb es nicht aus, daß sie manchmal traurig war, und es kam sie die Angst an, daß auch das Kind, das sie unter ihrem Herzen trug, von trauriger, schwermütiger Wesensart sein könnte.

Meine Eltern hatten 1901 ein Haus gekauft. Mein Vater – Georg Krebs – war Töpfer und Ofensetzer. Um das Töpferhandwerk ausüben zu können, mußte er eine Werkstatt mit Brennofen anbauen. Dazu mußte ein Stück von dem angrenzenden Teich aufgefüllt werden. Es ging damals nicht so einfach wie heute, daß ein Lastkraftwagen den benötigten Schutt an die betreffende Stelle heranfuhr und dort auskippte. Die Arbeit mußte mit Schubkarren erledigt werden, und auch meine Mutter, die ihr elftes Kind erwartete, war an dieser schweren Mühe beteiligt. Dazu kam der ganze große Haushalt. Zu jener Zeit wurden kinderreiche Familien nicht unterstützt wie heute. Meine Eltern gingen durch viel finanzielle Not.

So kam es, daß meine Mutter oft mit wenig frohen Blicken nach mir kleinem Jungen schaute. Ich selber machte ihr aber auch dadurch Kummer, daß ich so winzig und elend war. Als ich geboren wurde, war ich gewissermaßen nur halb fertig. Ich wog kaum dreieinhalb Pfund. Heute würde man ein solches kümmerliches Wesen in den Kinderbrutkasten legen und fertig »ausbakken«, aber den gab es damals noch nicht. Mutter hat oft erzählt, daß sie manchmal fast vergessen hätte, mich zu füttern, weil ich mich nicht gerührt hätte. Ich hätte immer mit meinen Fingern und meinen Zehen gespielt und wäre immer zufrieden dagelegen.

Als ich sie dann aber nach einigen Monaten mit meinem ersten Lächeln erfreute, war ihr das ein besonderes Geschenk. Erst nach einem Jahr bin ich eigentlich richtig lebendig geworden. So lange brauchte ich, um »fertig« zu werden. Es war meiner Mutter ein richtiges Wunder, daß so ein winziges Geschöpf überhaupt durchkam. Klein bin ich immer geblieben, und noch Jahre später hat Mutter oft zu meinen Geschwistern gesagt: »Ich bin bloß gespannt, was aus unserm Hans wird!«

Bei dem kärglichen Einkommen meines Vaters in seiner Töpferei und seinem Ofensetzergeschäft und bei der großen Kinderzahl war es selbstverständlich, daß wir Kinder zur Ernährung und Bekleidung mithelfen mußten. Ich kleiner, aber flinker Knirps hütete schon mit drei Jahren Gänseküken. Wir zogen jedes Jahr 50–60 solcher Küken auf. Ich kann mich noch gut an eine ältere Frau erinnern, die auch Gänse hütete. Zu der sagte meine Mutter: »Paß ein wenig auf den Kleinen auf!«

In Gunzenhausen liegt das bekannte Diakonissen-Mutterhaus »Hensoltshöhe«. Es wurde 1908 gegründet. In seiner Anfangszeit haben die jungen Schwestern auch Gänse gehütet, oft in meiner Nähe. Ich war inzwischen schon ein paar Jahre älter. Sie gaben mir öfter »Bildle« zum Anschauen.

Die Arbeit war nicht so sehr schwierig. Man mußte sich nur ab und zu ein wenig rühren, dann waren die Gänse ganz zufrieden und blieben beieinander. Nach der Schule kamen die größeren Geschwister dazu, halfen beim Hüten und sammelten Futter. Es wurden Brennesseln und Disteln gesucht und heimgebracht. Anschließend war noch einmal Schulunterricht bis 15 oder 16 Uhr. Die Gänse wurden großgezogen, bis sie das erstemal gerupft wurden. Danach wurden die meisten verkauft. Wir selber hatten viele Betten, und es wurden viele Federn gebraucht. Das Geld von den verkauften Gänsen mußte z. B. herhalten, um Kleider und Anzüge für die Konfirmation zu kaufen. Bei unserer großen Schar war ja jedes Jahr jemand »dran«, und das ging ganz schön ins Geld!

Gänsehüten war aber nur eine unserer Beschäftigungen. Eine andere war das Austragen von Brötchen für verschiedene Bäckereien. Wir waren morgens von 6 bis ¾ 8 Uhr unterwegs. Auf diese Weise verdienten wir schulpflichtigen Kinder uns das Frühstück und ein kleines Taschengeld. Wenn im Wald die Heidel-, Preisel- und Himbeeren reif wurden, wurde jede schulfreie Stunde zum Pflücken ausgenutzt. Das war für die Kinderhände oft ein harter

Zwang, aber wenn dann am Abend die Körbe voll waren, zog die ganze Schar fröhlich singend mit ihrer Ausbeute nach Hause. Als Belohnung für den Fleiß gab es ein Ei, und dann machten wir uns an die Schularbeiten.

Mitte August war die Beerenzeit vorüber. Dann wurden wir Kinder zu verschiedenen Bauern zum Hopfenpflücken gegeben. Hier verdienten wir uns unser Essen und einige Mark, je nach Alter und Fleiß. Weiter folgte im Ablauf des Jahres das Ährenlesen und das Holzlesen. Bei dem letzteren achteten die Eltern scharf darauf, daß die Kinder nichts stahlen, um ihren Wagen rascher voll zu bekommen.

Einmal glaubte ich, beim Holzsammeln ein besonderes Glück zu haben, als ich im Spätherbst an ein kleines Wäldchen von jungen Lärchenbäumen kam. Diese waren zu jener Jahreszeit ohne Nadeln und sahen aus, als wären sie alle dürr. Ich hatte damals keine Ahnung, daß die Lärchen im Herbst ihre Nadeln verlieren. Das hatte uns Kindern nie jemand gesagt. Darum mein Irrtum: »Die Lärchen sind wertlos und nur noch als Brennholz zu verwenden.«

Ich machte mich mit einigen meiner Geschwister über die Bäumchen her, um sie abzuhauen. Ich freute mich sehr, daß der Wagen bald gefüllt sein würde. Aber o weh, da erschien auf einmal der Waldaufseher, und das war gut! Als wir heimkamen, setzte es eine solche Tracht Prügel, daß an diesem Abend keiner mehr sitzen konnte. Zu essen bekamen wir auch nichts mehr. Der Vater mußte eine Strafe von 20 Mark an das Forstamt bezahlen. Das war damals viel Geld.

Es waren noch mancherlei andere »Tätigkeiten«, die dafür sorgten, daß wir Krebskinder nie »arbeitslos« wurden. Wir kehrten Straßen und halfen im Winter beim Schneeräumen. Wir hüteten Ziegen, eigene und die von Nachbarn. Es waren oft 30–40 in unserer Herde. Wir hatten Kaninchen und mußten für sie Futter holen. Wir sammelten Alteisen, Lumpen und Knochen, und was es sonst noch gab. Wo Telegraphenarbeiter ihre Werkstatt hatten, wühlten wir in den Abfallhaufen herum nach jedem Zentimeter Kupferdraht oder nach Messing und anderm Metall. Das wurde alles verkauft, und wir freuten uns, wenn wir 50 Pfennige oder eine Mark heimbringen konnten.

Während unserer Kinder- und Schulzeit halfen wir auch in der

Töpferwerkstatt mit. Damals wurde alles noch im Hand- und Fußbetrieb gemacht. Der Ton wurde zwei- bis dreimal durch die Tonwalze gedreht und dann wiederholt mit den Füßen durchgetreten, bis er fein und rein und ohne Unrat war. Dazu war viel Kraft und Mühe nötig. Dann wurde er noch auf der Würgebank öfter durchgeknetet, bis er ganz teigartig war. Außerdem drehten wir oft stundenlang, meist zu zweien, die Glasurmühle. Das war eine Steinmühle, welche die Erzglasur fein mahlte.

Wir halfen Tiere: Hunde, Katzen, Pferde, Löwen usw. formen, zum Teil mit Gipsformen, zum Teil aber auch freihändig, und sie auch mit Grundton oder Glasur bemalen. Damit waren wir im Winter voll beschäftigt, und wir waren sehr froh, wenn wir z. B. auf dem Weihnachtsmarkt einige Hundert Tiere oder Kinderspielzeuge, wie Tassen, Kaffeekännchen, Schüsselchen usw., die schön bemalt waren, verkaufen konnten. Zu unserer Kinderzeit waren alle diese Sachen noch sehr primitiv und einfach.

Der Ton wurde früher von den Töpfern in bestimmten Äckern gesucht und mit großer Mühe mit der Handschaufel ausgegraben. Ich habe das in meiner Lehrzeit noch selber gemacht. Es gab damals noch keine Bagger, die den Humus abheben konnten. Deshalb wurde der Acker vollkommen durchwühlt, um die Tonadern, die manches Mal metertief lagerten, mit der Schaufel auszuheben. Aus diesem Grunde wurden solche Äcker zum größten Teil unfruchtbar und waren die billigsten im Ortsgebiet. In den meisten Fällen wurden sie als Friedhofsacker verwendet.

Diese Tatsache hilft zum Verständnis von Matthäus 27, 7. Mit dem Verrätergeld des Judas wurde der billige Töpfersacker gekauft. Dieser sogenannte Blutacker wurde zum Begräbnis der Pilger verwandt. Er war sicherlich der billigste Acker in der ganzen Umgebung.

Nun muß ich noch den Pflasterzoll erwähnen. Unsere Eltern mußten ja alles daran setzen, um ihre zahlreichen Kinder zu ernähren. So hatten sie auch drei Jahre lang zwei Straßen ersteigert, um dort den sog. Pflasterzoll einzukassieren. Für eine solche Straße mußten 1500–1800 Mark an die Stadtkasse entrichtet werden. Das war damals eine große Summe. Es sollte bei der Sache ja auch noch etwas verdient werden. Den Pflasterzoll mußten die Bauern bezahlen, wenn sie von den Dörfern in die Stadt kamen. Die Summen waren genau festgelegt: Ein Pferd kostete 15, eine Kuh 10, ein Leiterwagen 5 und eine Schubkarre 3 Pfennige. Der betreffende Bauer erhielt eine Quittung mit Tagesstempel.

Bei Brücken- und Straßeneingängen war jeweils ein kleines Zollhäuschen errichtet. Dort, wo die Nürnberger Straße und die Ansbacher Straße aufeinander stießen, hatte das Zollhäuschen vier Fenster, so daß man in beide Richtungen sehen und für beide Straßen den Zoll kassieren konnte. In diesem Häuschen verbrachten wir Kinder viele Stunden und erledigten dort auch unsere Schularbeiten. Wenn wir Jungen in der Schule waren, mußten die Mutter oder eine Schwester den Zoll »eintreiben«.

An guten Tagen, z. B. wenn Wochenmarkt war, betrug unsere Einnahme 12–15 Mark. Den besten Erfolg hatten wir jedoch zur Zeit der Pferdemusterungen im Ersten Weltkrieg. Den Rekord erbrachte ein Dezembertag im Jahre 1915: 37 Mark! Ich stand an einer Ecke, von wo ich auch die Fuß- und Feldwege übersehen konnte. Es gab nämlich Bauern, die gerne auf Um- und Nebenwegen angeritten kamen, um dem Zoll zu entgehen. Vor lauter Freude über die große Einnahmequelle an jenem Tage ließ ich mein Frühstück und Mittagessen im Zollhäuschen unberührt stehen. Weil ich mich von sechs Uhr in der Frühe bis zum Abend draußen in der Kälte aufhielt, zog ich mir einige schmerzhafte Erfrierungen zu.

Nicht nur an jenem Rekordtag, auch sonst mußten wir scharf aufpassen, daß uns kein »sparsamer« Bauer entwischte. Entkam aber doch einer und wurde bei einer Kontrolle durch einen städtischen Beamten oder einen Polizisten ertappt, dann mußte er 10–20 Mark Strafe bezahlen.

Die Erfahrungen meiner Kindheit am Zoll ließen mich später meinen Freund Zachäus, den Oberzöllner von Jericho, mit dem ich die körperliche Kleinheit teilte, besser verstehen, als das die meisten vermögen, die von ihm lesen oder hören. Er mußte ja auch eine gewiß nicht kleine Summe aufbringen, die von der römischen Besatzungsmacht, von der er den Zoll gepachtet hatte, von ihm verlangt wurde. Dabei griff er auch zu betrügerischen und ausbeuterischen Mitteln. Durch die Begegnung mit Jesus aber wurde sein Leben neu.

All das Geschilderte macht deutlich, auf wie mannigfache Weise wir Kinder zum täglichen Brot in der großen Familie beitrugen, und das machte uns glücklich. Ich will allerdings nicht verschweigen, daß sich meine Geschwister auch manchmal geärgert und über die Eltern geschimpft haben, weil sie so wenig Zeit zum Spielen hatten und immer zum Arbeiten angehalten wurden. Ich selber habe das nie so empfunden, weil ich am Arbeiten Spaß hatte. Auch die dreckigsten Sachen habe ich mit Freuden getan. Schon von frühester Jugend an habe ich jede Arbeit als Spiel betrachtet. So ist mir eigentlich nie im Leben eine Aufgabe schwer gefallen oder gar zuwider gewesen – in der Jugend nicht und auch später nicht. Ich habe oft zu meinen Kindern gesagt: »Ihr müßt jede Arbeit als Spiel ansehen, dann fällt euch keine schwer, und wenn sie noch so mühselig und schmutzig ist.«

Ich ziehe Bilanz: Ich sehe auf meine arbeitsreiche Kindheit und Jugend ohne Ärger und Bitterkeit, vielmehr mit Dank und Freude zurück. Sie hat mir nicht geschadet.

Mein erster Flug

Jetzt muß ich noch von einem Erlebnis berichten, das für die damalige Zeit eine einzigartige Sensation darstellte. Ich bin als Dreizehnjähriger zum erstenmal geflogen! Und das kam so:

In den Jahren vor dem Ersten Weltkrieg bekamen wir Kinder selten einmal ein Auto zu sehen. Es wurden die ersten offenen Mercedes-Benz-Wagen gebaut, deren Höchstgeschwindigkeit etwa 30–40 Kilometer in der Stunde betrug. 1912 flog eins der ersten Zeppelin-Luftschiffe über Gunzenhausen hinweg. Da stand fast die ganze Einwohnerschaft auf den Straßen und bestaunte die großartige technische Errungenschaft. Am allerseltensten waren damals Flugzeuge, meist als Eindecker konstruiert. Und solch ein Eindecker, der zu der kleinen Luftwaffe des Ersten Weltkrieges gehörte, mußte ausgerechnet in der Nähe unseres Städtchens im Sommer 1915 notlanden!

Das geschah ganz in der Nähe des Waldes, in dem wir gerade beim Heidelbeerpflücken waren. Schnell ließen wir unsere Körbe stehen und rannten zu dem in einer Wiese heranrollenden Flugzeug. Es war das erste, daß wir so nahe sehen und beobachten konnten. Kaum war der Pilot ausgestiegen, da fragte er uns, ob einer von uns sich in das Flugzeug setzen und darauf aufpassen wolle. Er selber wollte sich in Brand, dem nächsten Ort, ein Fahrrad leihen. Mit diesem wollte er die vier Kilometer bis nach Gunzenhausen radeln und dort einen Schutzmann als Wachtposten holen. Wir hatten damals bei einer Einwohnerschaft von 5000 nur zwei Polizisten. Ich meldete mich sofort, die Wachaufgabe war mir lieber als Heidelbeerpflücken. Wie ich mich fühlte, in einem Flugzeug zu sitzen, zumal bald von allen Seiten die Leute herbeigeeilt kamen, um die Maschine zu bestaunen!

Von Gunzenhausen aus mußte der Pilot seinen Standort (Fliegerhorst) anrufen, um einen Monteur und Ersatzteile anzufordern. Am nächsten Tag erschienen sämtliche Schüler aus der Stadt und der Umgebung, um das notgelandete Flugzeug zu bewundern. Noch einen Tag später stellten auch wir uns mit unserer Klasse ein. Der Pilot wollte wissen, ob der »Kleine« dabei war, der vorgestern Posten gestanden hatte. Da schoben mich meine Schulkameraden nach vorn. In der Meinung, daß ich als Belohnung vielleicht einige Bonbons oder im besten Falle eine Tafel Schokolade erhalten würde, stand ich vor dem Flieger.

Aber was tat dieser? Er packte mich, beförderte mich in die Maschine, setzte sich auf seinen Flugzeugsitz und mich vor sich hin. Er gab dem Monteur, der inzwischen den Schaden behoben hatte, den Auftrag, den Motor mit dem Propeller anlaufen zu lassen. Ich hatte vielleicht eine Angst, als der Motorenlärm losging! Diese stieg noch, als der Pilot sagte: »So, jetzt machen wir einen Probeflug über Gunzenhausen. Zeig mir, wo du wohnst, dann drehen wir eine Runde über euerm Haus, und du kannst runterwinken!«

Ich muß gestehen, daß ich von unserm Haus nichts und von dem übrigen Gunzenhausen fast nichts gesehen habe, weil ich vor lauter Angst kaum nach unten zu blicken wagte. Jedenfalls war ich sehr froh, als ich wieder auf meinem Heimatboden stand. Die Kameraden sahen zwar, daß ich ganz bleich war, aber sie beneideten mich doch. Das war also der erste Flug in meinem Leben, und vielleicht bin ich sogar der erste Gunzenhäuser überhaupt, der je geflogen ist.

Laufen – mein Leben

In der letzten Konfirmandenstunde sagte unser alter Kirchenrat Hausleiter: »Kinder, ihr braucht es in euerm Leben gar nicht weiter bringen als zu ›Handlangern Gottes‹. Das ist der wertvollste Beruf im Leben!« Dies verstanden wir damals gar nicht; denn Handlanger waren in unserer Jugend nicht sehr geschätzt, obwohl ja kein Bau ohne Handlanger entsteht. Ich sagte mir damals, ich möchte es schon gern etwas weiter bringen.

Aber was sollte ich kleiner Kerl denn für einen Beruf erlernen? Ich wollte immer gern Schreiner werden. Als aber der Vater mit mir zu einem Schreinermeister ging, sagte der: »Was willst du bloß mit dem Knirps? Der kann ja nicht einmal auf die Hobelbank raufschauen und erst recht nicht hobeln. Der hat doch keine Kraft dazu. (Anmerkung: Früher gebrauchte man lange Hobel.) Das ist nichts für ihn. Laß ihn etwas anderes lernen!«

Ja, aber was? Einmal hörte ich den Vater sagen, es bleibe ihm nichts anderes übrig, als mich Schneider oder Schuster werden zu lassen. Ein älterer Bruder von mir war Schneider geworden, ärgerte sich aber immer aufs neue darüber. Er klagte, daß man ihn in ein »Zuchthaus« gesetzt habe. Mir, der ich von frühester Kindheit an in der Freiheit aufgewachsen war, war solch eine Berufsaussicht auch ein schrecklicher Gedanke. Ich sagte mir: »Wenn ich Schneider werden muß, dann hänge ich mich lieber auf!« Was kann sich ein Lausbub von 13 oder 14 Jahren nicht schon alles in den Kopf setzen! Drei Wochen lang trug ich in der Hosentasche einen Strick mit mir herum.

Eines Tages mußte mir meine Mutter einen Knopf an die Hose nähen. Da fragte sie mich: »Hans, warum trägst du immer einen solch dicken Strick mit dir herum?« Gegen eine Schnur wäre ja nichts einzuwenden gewesen; denn jeder rechte Bub muß ein Messer und eine Schnur in der Tasche haben. Aber bei mir handelte es sich um einen Strick, einen richtigen, festen Kälberstrick.

Ich wollte meiner Mutter nicht sagen, was es damit auf sich

hatte. Sie ließ aber nicht nach und bohrte immer wieder, um den Grund zu erfahren. Sie spürte irgendwie, daß dahinter etwas Besonderes stecken müsse. Schließlich rückte ich mit der Sprache heraus: »Ich habe gehört, daß ich Schneider oder Schuster werden soll. Aber bevor ich das werde, hänge ich mich lieber auf!« Da war die Mutter sehr erschrocken und erzählte auch dem Vater von meinen kindischen »Selbstmordgedanken«.

Dieser verabreichte mir mit dem Strick erst einmal eine ordentliche Tracht Prügel. Aber die Sache bewegte dann auch ihn. Er fragte mich nach ein paar Tagen gründlich über alles aus. Wir waren sonst nicht gewohnt, unserm Vater zu widersprechen. Ich hatte aber den Mut, ihm klipp und klar zu sagen: »Schneider oder Schuster werde ich auf keinen Fall!« Das hat ihm doch zu denken gegeben.

Vater nahm mich dann zu sich in die Lehre, und ich erlernte das Töpfer- und das Ofensetzerhandwerk. (In beidem machte ich im Mai 1923 die Meisterprüfung.) Dazu kam später noch der Beruf des Fliesenlegers. Ich machte die Arbeit recht gern. Mein Bruder, der eigentlich Vaters Geschäft übernehmen sollte, befand sich damals – 1916 – als Soldat im Ersten Weltkrieg.

1919 starb Vater ganz unerwartet an Magenbluten. Sein plötzlicher, früher Tod war für uns alle ein sehr großer Schrecken. Obwohl viele meiner älteren Geschwister schon das Elternhaus verlassen hatten, war es doch für alle ein großes Leid, fortan ohne Vater zu sein. Der tiefe Schmerz war aber der Anlaß, daß meine Mutter und etwas später auch zwei meiner Schwestern innerlich aufwachten und zum lebendigen Glauben an den Herrn Jesus Christus kamen. Fortan war es der Mutter ein Gebetsanliegen, daß auch ihr Hans auf den Weg mit dem Heiland käme.

Hier möchte ich nachtragen, daß meine Eltern immer gut kirchlich und christlich eingestellt waren. Wir Kinder mußten unter allen Umständen beim Abendläuten alle zum Gebet im Wohnzimmer uns einfinden. Das dauerte uns oft viel zu lange; denn es mußten Gebete, Lieder, Psalmen und andere Bibelverse auswendig hergesagt werden. Das nahm wohl eine halbe Stunde in Anspruch. Für unsere Mutter war das selbstverständlich, aber auch unser Vater nahm oft daran teil.

Jedes von uns Kindern mußte in den Kindergottesdienst oder zum Gottesdienst gehen. Hinterher wurde sehr genau nach der

Predigt und den Liedern gefragt. Wer aus irgendeinem Grunde daheim bleiben mußte, der hatte im Wohnzimmer dem Vater zuzuhören, der eine nicht gerade kurze Predigt von Luther vorlas.

Aus einer solchen gewiß echten, aber doch mehr traditionellen Frömmigkeit fand Mutter nun zu einem persönlichen Herzensglauben an Jesus. Ich allerdings dachte zunächst keineswegs daran, mit ihr denselben Weg zu gehen. Ich hatte nämlich inzwischen Freude am Turnen bekommen und entdeckt, daß ich ein guter Läufer war. So klein ich war – ich konnte schon als Kind laufen wie ein Wiesel, und beim Fangenspielen erwischte mich selten einer. Von einem meiner älteren Brüder bekam ich einmal fünf Mark geschenkt, als ich ihm eine Probe meiner Fähigkeiten im Schnell- und Langlauf gab. Ich schloß mich dem Turnverein an. Obwohl die Turngeräte nicht für einen solchen Knirps wie mich konstruiert waren, kam ich mit ihnen doch gut zurecht. Ich nahm am Bayerischen Turnfest 1921 in Augsburg teil und durfte sogar beim Deutschen Turnfest 1922 in München in der Musterriege mitturnen.

Ich bin dann aber immer mehr zum Laufen übergegangen. Ich entdeckte mich als einen leichtfüßigen Langstreckenläufer. Je länger die Strecken waren, umso besser klappte es. Ich übte eifrig den Marathonlauf, der eine Strecke von 42,2 Kilometern umfaßt. Fast Sonntag für Sonntag nahm ich an Sportfesten teil. Ich gewann dabei viele Preise und brachte Lorbeerkränze, Silberpokale oder Plaketten nach Hause.

Meine Erfolge machten mich stolz und glücklich. Aber meine gläubiggewordene Mutter teilte meine Freude nicht. Sie sagte oft: »Ich bete, daß du keinen Sieg mehr erringst.« Ich entgegnete: »Und ich bete, daß ich weiter siege.« Scheinbar wurden meine Gebete mehr erhört als die ihrigen. Daß ich so ganz dem Sport verfallen war, betrübte meine Mutter und auch meine gläubigen Schwestern. Sie luden uns unbekehrte Kinder öfter ein, doch einmal mit ihnen eine Versammlung zu besuchen. Aber als Sportler wollte ich doch nicht zu den »Muckern« und lahmen Kerlen gehören.

Dabei merkte ich gar nicht, wie ich hart gebunden war, so wie andere an das Rauchen und Trinken. Ich mußte immer laufen und laufen und üben. An manchem Abend raste ich 5–10 Kilometer durch die Gegend. Das war für mich eine Spielerei. Es war immer wieder dieselbe Reihenfolge: Heimkehr von der Arbeit, Waschen, Anziehen der Sportkleidung, Loslaufen. Ich war damals einer der besten Läufer in Deutschland und hatte sogar Chancen, an den Olympischen Spielen in Paris 1924 als Marathonläufer teilzunehmen. Allerdings kam es sechs Jahre nach Beendigung des Ersten Weltkrieges noch nicht zur Teilnahme von Deutschen an diesem sportlichen Großereignis.

Da aber fing Gott an, mit mir zu reden. In einem Bäckerladen hörte ich einmal eine Frau zu einer andern sagen: »Wenn doch bloß der Hans Krebs nicht mehr gewinnen würde! Wenn ihn doch der Teufel holte!« Ich erschrak und fragte mich, was ich denn der Frau zuleide getan hatte, daß sie einen so wenig frommen Wunsch aussprach. Ich war erleichtert, als die Nachbarin für mich eintrat und sagte: »Was hast du denn gegen den Hans? Der ist doch ein ordentlicher Kerl.« Diese Meinung hatte ich auch von mir. Ging ich doch bei den Sportfesten, sei es in Dresden, Bremen, Berlin oder anderswo, oft in den Gottesdienst, bevor das Laufen begann. Auch in meiner Heimatstadt Gunzenhausen ließ ich mich öfter im Frühgottesdienst sehen. Konnte ich mich dann hinterher nicht mit gutem Gewissen dem Sport hingeben? Wer konnte mir nachsagen, ich sei nicht »fromm«?

Doch ich will zu dem Gespräch der beiden Frauen zurückkehren. Ich mußte noch folgendes anhören: »Mir persönlich hat der Hans nichts getan. Aber seine Siegerei ist schon eine verfluchte Sache. Weil er fast jeden Sonntag mit einem Sieg heimkommt, säuft die Gesellschaft vom Turnverein die ganze Nacht hindurch. Mein Mann ist auch dabei und versäuft manchmal den halben oder ganzen Wochenlohn. Ich muß dann ihn und die Kinder durch Waschen und Putzen ernähren.«

Das hat mich doch getroffen, daß ich schuld sein sollte am Ruin einer Familie! Von einem andern älteren Vereinskameraden erfuhr ich, daß er von einer Siegesfeier betrunken nach Hause kam und seine Frau schlug. Da beschloß ich, mit dem Sport aufzuhören. Aber ich schaffte es nicht, ich war zu sehr gebunden. Zwar blieb ich acht Tage dem Sportplatz fern. Doch dann kamen die Freunde und fragten mich, ob ich krank sei. Und ich ließ mich von ihnen wieder in das alte Treiben hineinziehen.

Von Gott »erwischt«

Gott blieb jedoch hinter mir her, und am Pfingstmorgen 1923 hat er mich »erwischt«! Das Diakonissen-Mutterhaus »Hensoltshöhe« führte zu Ostern und Pfingsten große christliche Konferenzen durch. Dazu versammelten sich 1000–1500 Menschen. Bei schönem Wetter wurden sie im Wald abgehalten. Das war auch Pfingsten 1923 der Fall.

Am Morgen des Pfingstsonntags führte ich mit andern Sportkameraden ein Training im Marathonlauf durch. Unser Weg führte durch den Wald hinter dem Mutterhaus. Eine große Schar junger Menschen hatte sich dort im Freien versammelt. Ich hatte mich schon früher über solche Versammlungen geärgert. Dort wurden nämlich nach meiner Meinung die jungen Leute verdummt, und sie wurden christlich überspannt. Sie sollten lieber ihren Körper durch Sport und Laufen stählen und trainieren. Denn wer etwas im Leben leisten wollte, der mußte einen gesunden Körper haben. Und nun saßen und standen die Leute stundenlang in der frommen Versammlung herum und ließen sich anpredigen!

Als ich an jenem Pfingstmorgen meine Runden trabte, wurde mein Ärger auf einmal noch mehr angereizt. Ich sah nämlich in der Mitte der jungen Leute einen Mann mit einem langen Bart stehen, der für mein sportliches Empfinden eine unmögliche Figur abgab. Mein Vorsatz war gefaßt: »Bei der nächsten Runde stellst du dich hinter einen Busch, wartest einen günstigen Augenblick ab, springst dann vor, sprengst die fromm säuselnde Versammlung und sagst dem Redner, er solle mit seiner Verdummung der Jugend aufhören!« Ich war damals solch ein Kerl, der meistens das, was er sich vornahm, und wenn es das Verrückteste war, auch durchführte.

Ich stehe nun also im Gebüsch, mit einer großen Wut im Bauch. Ich habe mir schon alles mögliche zurechtgelegt, was ich dem bärtigen Mann entgegendonnern will. Aber erst muß ich ja einmal ein wenig hinhorchen, was er sagt, ehe ich ihm entgegentrete. Er liest gerade die Verse aus dem 1. Korintherbrief Kapitel 9, 24–27 vor: »Wisset ihr nicht, daß die, welche in den Schranken laufen, die laufen alle, aber einer erlangt das Kleinod? Laufet nun also, daß ihr es ergreifet! Ein jeglicher aber, der da kämpft, enthält sich alles Dinges; jene also, daß sie eine vergängliche Krone empfangen, wir aber eine unvergängliche.«

Es ist also ausgerechnet ein Wort vom Laufen, das aus der Bibel vorgelesen wird! Ich denke, jetzt wird der Mann über den Sport losschimpfen und kein gutes Haar daran lassen. Jetzt wird er sich gegen die Entheiligung des Sonntags durch die vorbeitrabenden Läufer wenden. Das tut er aber nicht. Das Gegenteil ist der Fall!

Er stellt die Läufer der großen Versammlung als Vorbilder hin! Er sagt, schon wieder sei die Schar der Langstreckenläufer vorbeigekommen. Ich wundere mich, daß er überhaupt den Unterschied zwischen Langstreckenläufern und Kurzstreckenläufern kennt. Nun fährt er fort: »Habt ihr die Läufer gesehen? Einer hat die Schuhe ausgezogen und ist barfuß weitergelaufen. Ein anderer hat sein Trikot ausgezogen, weil es ihm lästig geworden ist. Macht es doch den Langstreckenläufern nach! Werft alles weg, was euch hindert, das Ziel zu erreichen!« Mut, Aufopferung und Hingabe der Läufer werden geschildert und gerühmt.

Wie spannend der Mann spricht! Er macht äußerlich wirklich nicht den Eindruck eines Begeisterung weckenden Jugendführers. Und doch hängen alle an seinem Munde. Keiner rührt sich, auch nicht der heimliche Horcher hinter dem Busch! Immer mehr vergeht mir der Mut und die Lust, dem Redner das Wort abzuschneiden. Nun macht er Jesus groß und redet von dem, was wir schon in dieser Zeit und Welt an Freude und Frieden, an Kraft und Hoffnung von ihm empfangen. Am ewigen Ziel werden wir ihn dann selber sehen und den Siegeskranz aus seiner Hand entgegennehmen.

Aus seinem eigenen Leben erzählt der Mann. Er hat fromme Eltern und wird von Jugend auf in christliche Versammlungen mitgenommen. Das ist ihm lästig genug. Er wird dann Mitglied eines Turnvereins in Nürnberg. Aha, darum weiß er also so gut Bescheid über den Sport! Er erringt manchen Preis – genau wie ich. Eines Tages siedelt er nach München über, um dort weiterzulernen. Da meint er: »Ich bin nun frei und das fromme Joch los. Jetzt ist die Welt für mich offen. Jetzt kann ich die Gebundenheit an das Elternhaus abschütteln.«

Die Eltern haben allerdings dafür gesorgt, daß er bei frommen

Leuten untergebracht ist. Diese sind sehr nett zu ihm. Aber er geht nie mit in christliche Versammlungen. Er ist ja so froh, den frommen Kram abgestreift zu haben und das Großstadtleben in vollen Zügen genießen zu können.

Dann kommt eines Tages ein junger und sehr lebendiger Evangelist nach München. Die Vermieter laden den jungen Mann zu seinen Versammlungen ein: er solle doch wenigstens einmal mitkommen und sich die Sache anhören. Zweimal weist er die Einladung ab, denkt dann aber, daß er anstandshalber doch wohl einmal mitkommen müsse. Nachdem er den Vortrag gehört hat, geht er gleich zu dem Evangelisten und sagt ihm, was ihm an seinen Ausführungen nicht gepaßt hat. Dieser entgegnet: »Ja, was dich interessiert und was für dich besonders wertvoll ist, das kommt erst morgen dran. Komm doch noch einmal wieder!« Gut, er tut das und kommt auch zum drittenmal.

Und da trifft ihn Jesus und seine Botschaft mitten ins Herz hinein! Was er von früher Kindheit an als ein »frommer« Junge gehört, was aber lebensmäßig nie etwas für ihn bedeutet hat, das begreift und ergreift er jetzt: daß Jesus Christus ein lebendiger Herr und Heiland ist, in dem wir alles haben, was wir für Leben und Sterben brauchen. Der Junge spricht sich mit dem Evangelisten aus und übergibt diesem Heiland sein Leben. Er hat ein neues Ziel gewonnen.

Und nun erzählt der Mann mit dem Bart weiter: »Wie ich heimgekommen bin, da habe ich in meinem Zimmer alle die Kränze aus Lorbeer und Eichenlaub und die Diplome gesehen. Als ich im Bett lag, da dachte ich: ›Dein Herz hat zu sehr an diesen Dingen gehangen. Sie haben dich vom Lauf nach dem wahren Kleinod und Siegeskranz abgehalten. Runter mit dem Kram von der Wand und hinein in den Ofen damit!‹ – Und wißt ihr, was davon übriggeblieben ist? Eine halbe Hand voll Asche und ein paar Drahtfetzen! Das war die ganze Errungenschaft von vier Jahren Kämpfen und Laufen. Mehr kann uns die Welt im Grunde nicht bieten. Das sagen schon die vier Buchstaben, aus denen das Wort Welt zusammengesetzt ist: W = Weh; E = Elend; L = Leid; T = Tod.«

Der Lauscher im Busch hat seinen Widerstand längst aufgegeben. Ich muß dem Mann, im Gewissen überführt, recht geben. Er hält sich nicht damit auf, den Sport und die Welt madig zu machen.

Er weist auf Jesus und rühmt das Leben, das der Heiland gibt, und seine freimachende Gnade. Er spricht in einer so feinen, anziehenden Art. Wenn er es anders gemacht hätte, hätte er mich sicherlich nicht so beeindruckt, wäre Jesus kaum so mit mir zum Ziel gekommen. Nun aber hat mich Gott hinter dem Busch »erwischt«. Zum erstenmal in meinem Leben erkenne ich mich im Lichte Jesu. Wie dreckig, sündhaft und scheinheilig ist doch mein Leben gewesen! Aber ich bin überzeugt, daß Jesus mir vergibt und daß ich nun ein neues Leben mit einem neuen Ziel vor mir habe.

Ich kroch dann hinter dem Busch hervor, ging zum nahen Sportplatz und sagte zu meinem Sportlehrer: »Ich komme nicht mehr wieder, ich sage dem Sport ab und beginne ein neues Leben mit Jesus.« Ich zog mich um und ging nach Hause. Meine Mutter war erstaunt, daß ich so früh zurückkam. Ich erzählte ihr aber nichts. Ich wollte und konnte nicht gleich berichten, daß ich von Jesus Christus überwunden worden war. Es wogte in meinem Herzen noch so manches durcheinander. Mutter lud uns dann beim Mittagessen zur Blaukreuzversammlung am Abend ein und war freudig verwundert, daß ich sofort einwilligte und daß mein Bruder, der ein sehr guter Kurzstreckenläufer war, auch mitkommen wollte.

Junge Männer für Jesus!

In der Blaukreuzstunde an jenem Abend des Pfingstsonntags 1923 erzählte der Redner u. a. von einer Familie mit vielen Kindern. Dort herrschte große Not, weil der Vater trank. Unser Vater war wahrhaftig kein Trinker gewesen, aber ein »Sitzer«. Er konnte sich stundenlang unterhalten bei ein paar Gläsern Bier. Er hielt aber öfter andere zechfrei, und dadurch kamen wir manchmal in Not. Bei einer so großen Familie war eine solche »Freigebigkeit« nicht zu verantworten.

Nun meinten wir beiden Söhne, daß die Mutter dem Blaukreuzredner vorher die Verhältnisse, die in unserer Familie geherrscht hatten, erzählt hätte, und der gab das nun »brühwarm« vom Podium weiter. Wir wagten gar nicht mehr aufzuschauen, weil wir meinten, die Besucher blickten alle auf uns. Sie kannten ja unsere Familie genau. Ich bekam von der Versammlung nicht mehr viel mit, weil ich mich so über meine Mutter ärgerte.

Als wir nach Hause kamen, machten wir Mutter einen ziemlichen Krach und fragten sie, wie sie denn dazu käme, einem wildfremden Mann so viel aus unserer Familie zu erzählen. Da konnte sie mit gutem Gewissen antworten, daß sie mit dem Mann kein Wort gewechselt habe und ihn gar nicht kenne. Sie habe ihn heute zum erstenmal gesehen, aber solche Nöte, wie er sie geschildert habe, gebe es eben vielfach in Deutschland.

Mein Brunder und ich schliefen im gleichen Zimmer. Nachts um drei Uhr sagte er auf einmal: »Du schläfst ja gar nicht. Warum denn nicht?« Ich antwortete: »Du schläfst ja auch nicht! Ich muß noch an das denken, was der Redner da alles erzählt hat, welche Not durch den Alkohol entstehen kann.« Darauf schlug mein Bruder vor: »Wenn das so schlimm ist, dann wollen wir in Zukunft keinen Alkohol mehr trinken.« Wir beide hatten zwar als Sportler nur wenig getrunken und überhaupt nicht geraucht. Aber wir waren im Bauhandwerk beschäftigt, und da war man der Ansicht, daß Bier »flüssiges Brot« sei. Öfter bekam man beim Bau Bier geschenkt, und da hatten wir immer mitgemacht. Aber nun nahmen wir uns in jener Nacht vor: »Damit machen wir Schluß!«

Jetzt erzählte ich meinem Bruder – später dann auch der Mutter –, was in der Frühe mit mir geschehen war. Daraufhin erklärte dieser, daß er auch den Weg mit Jesus gehen wolle. Wir gelobten uns, daß wir einander auf dem neuen Wege helfen und stützen und gemeinsam dem Herrn nachfolgen wollten. Wir hatten jedoch keine Ahnung davon, wie das praktisch aussehen sollte.

Vor Pfingsten hatten wir acht Tage lang in einem Gasthof gearbeitet, und nach den Feiertagen ging es dort weiter. Das Glas Bier hatte zum Frühstück und zum Mittagessen gehört. Als ich nun wieder auf den Bau kam, erklärte ich der Hausfrau gleich: »Margret, von heute ab trinken mein Bruder und ich kein Bier mehr. Du brauchst bei den Mahlzeiten kein Glas mehr vor uns hinzustellen.« Ihre Antwort lautete wenig entgegenkommend: »Ach, das wäre ja noch schöner! Bist du denn ein Blaukreuzler geworden?« Ich blieb fest: »Wir trinken nichts mehr von dem Gesöff!«

Zur Frühstückszeit um 8.30 Uhr stand vor uns natürlich wieder eine »Halbe«. Ich sagte: »Tu doch das Zeug weg, ich trinke nichts mehr davon!« Da fingen die Maurer an: »Gerade heute willst du nichts trinken, wo es doch den besten und schönsten ›Bock‹ gibt? Trink wenigstens noch diese eine Halbe zum Abgewöhnen!« »Nichts da, kein Schluck wird mehr genommen!« Da nahmen mich zwei Maurer in die Mitte, der eine hielt mir den Mund auf, und der andere schüttete das Bier hinein. Da habe ich den vollen Mund auf die ganze Gesellschaft ausgespuckt, und fortan hatte ich meine Ruhe! Jedenfalls in dieser Art versuchte es keiner mehr bei mir. Man hielt mir zwar immer wieder einmal Bier unter die Nase, aber ich erlebte die Siegeskraft Jesu und war standhaft. Ich war und blieb ganz frei von der Lust am Alkohol. An jenem ersten Abend, als wir dem Bier ganz abgeschworen hatten, fuhren wir mit dem Rad so froh nach Hause, wie wir noch von keinem Sportfest zurückgekehrt waren.

Vom ersten Tag an meiner Nachfolge Jesu und der Erfahrung seiner freimachenden Gnade stand es für mich fest: »Ich bin nicht für mich selbst erlöst und frei geworden. Ich muß nun meinem Herrn dienen und andere auf ihn aufmerksam machen und für ihn zu gewinnen suchen.«

Aber wie sollte ich das bloß anfangen? Es gab damals in Gunzenhausen zwar einen kleinen Konfirmandenkreis (von dem aber fast niemand etwas wußte), doch bestand weder ein richtiger Christlicher Verein Junger Männer (CVJM) noch ein Jugendbund für entschiedenes Christentum (EC). Ich wußte nur von zwei jungen Leuten, die zur Hensoltshöhe hinaufgingen und dort in einem alten Bretterbau, der Zionshütte, an einer Bibelstunde teilnahmen. Wir hatten da öfter zum offenen Fenster hereingeschaut, weil unser Sportplatz dort oben lag. Manchmal hatten wir auch Steine hineingeschmissen, um die Besucher zu ärgern. Dort hatten wir die beiden jungen Männer gesehen.

Diesen lauerte ich nun auf und fragte sie, ob sie das Christentum für sich allein gepachtet hätten. Da schauten sie mich groß an und wollten wissen, was ich mit meiner Frage meinte. Ich antwortete: »Ihr geht schon zwei bis drei Jahre da oben in eure Bibelstunde, habt aber noch nie jemanden gefragt, ob er mit euch kommen will. Ihr laßt die jungen Menschen von Gunzenhausen in Not und Sünde und habt genug daran, wenn ihr nur schön und ungeschoren fromm seid.«

Ich erzählte ihnen dann, was mit mir passiert war und fragte sie, ob sie denn nicht mithelfen wollten, daß noch andere zu Jesus geführt würden. Am liebsten hätte ich die ganze Jugend meiner Heimatstadt zum Heiland gebracht! Ich wollte von den beiden wissen: »Kennt ihr denn niemanden, der uns helfen und zeigen kann, wie man junge Menschen sammeln und unter die Botschaft von Jesus bringen kann?« Da erzählten sie von dem Eisenhändler Gottlieb Kraus, der früher im CVJM in Aschaffenburg gewesen sei, der könne uns sicher helfen.

Diesen Mann kannte ich auch. Ich verzichtete auf das Mittagessen, schwang mich gleich auf mein Fahrrad und fuhr zu ihm hin, um ihn noch in der Zeit der Mittagspause zu erwischen. Ich sagte zu ihm: »Gottlieb, ich habe gehört, daß du früher in Aschaffenburg im CVJM mitgearbeitet hast. Was ist das eigentlich?« Er gab zur Antwort: »CVJM ist ein Verein, in dem junge Männer zu Bibelstunden, zum Spielen und zu Wanderungen zusammenkommen.« Ich bat ihn: »So etwas sollten wir auch in Gunzenhausen anfangen. Zeig uns doch bitte, wie man das macht!« Gottlieb Kraus schaute mich groß und verwundert an. Er kannte mich von früher und hätte einen solchen Wunsch gerade von mir nicht erwartet.

Er erklärte sich aber bereit: »Doch, da kann und will ich euch helfen. Ich habe schon öfter Jungmänner- und Bibelstunden gehalten.« Ich freute mich sehr und machte gleich Nägel mit Köpfen: »Ich lade alle meine Sportkameraden für den nächsten Donnerstag ein in unsere Wohnstube, und dann fangen wir gleich an!« Von den 42, die zur Sportabteilung gehörten, kamen 38!

Sie waren der Meinung, ich wolle irgendeinen neuen Sportklub aufmachen, und für etwas Neues sind die Menschen ja nun einmal sehr zu haben. Sie machten dann große Augen, als sie merkten, was wirklich los war. Ich erzählte ihnen klipp und klar, was ich kürzlich mit Jesus erlebt hatte und daß man mich nun auf dem Sportplatz nicht mehr sehen würde. Ich sei ein richtiger Sklave des Sports gewesen, aber Jesus hätte mich frei gemacht. Über solches Bekenntnis waren sie bestürzt, und sie meinten, ich sei übergeschnappt.

Wir haben uns dann jeden Donnerstag getroffen. Von den Sportkameraden kamen aber bald nur noch zwölf, und auch diese Zahl schrumpfte weiter zusammen. Nur zwei waren es schließlich, die mit mir denselben Glaubensweg gingen. Wir luden aber andere ein, und die Wohnstube war jedes Mal gesteckt voll mit 30–35 jungen Männern. Alle waren über 20 Jahre alt. An die Jüngeren haben wir damals noch nicht gedacht. Am 1. Juli 1923 gründeten wir die Hauptabteilung des CVJM. Schon ein Jahr später fand die Ostertagung des gesamten Bayerischen CVJM in Gunzenhausen statt. Dazu erschienen etwa 1500 Besucher und 200 Posaunenbläser! Es gab eine große Bewegung in der Stadt Gunzenhausen und im ganzen Altmühltal.

In unserm Kreis kamen manche zum lebendigen Glauben an Jesus. Es war eine richtige Erweckung. Wir lernten von meinen Schwestern Wanderlieder. Einige kamen hinzu, die Gitarre spielen konnten. Leute, die im Diakonissen-Mutterhaus Hensoltshöhe, z. B. als Schreiner, beschäftigt waren, stellten sich ebenfalls ein. Es wurde ein Wanderchor gebildet. Wir sangen auf der Straße. Erst kannten wir nur zwei Lieder, aber es wurden immer mehr. Eine meiner Schwestern fertigte einen Wimpel an, auf dem zu lesen war: »Jesus ist Sieger!« Wir zogen auch in Ortschaften in der Umgebung von Gunzenhausen hinaus, sangen dort und verteilten Blätter. Wir machten die ganze Gegend »rebellisch«! Von denen, die damals diesen »geistlichen Frühling«

erlebten, gingen einige in die ganzzeitliche Arbeit des Reiches Gottes.

Nicht alle, die in unseren Kreis kamen, sind dem Herrn treu geblieben. Manche sind zurückgegangen. Der Grund war häufig, daß sie ungläubige Frauen heirateten. Wir haben einmal etwas nachgeforscht und herausgefunden, daß 45–60 % meiner Kameraden, die die Nachfolge Jesu begonnen hatten, wegen ihrer verkehrten Heirat von dem Weg abgefallen sind. Aufgrund dieser traurigen Erfahrungen warne ich immer wieder Menschen, die heiraten möchten: »Achtet doch ja darauf, daß euer Partner an den Herrn Jesus gläubig ist!« Das gilt für Frauen ebenso wie für Männer.

Wir führten ein frohes Jugendleben miteinander und waren dankbar und glücklich, daß der Herr soviel durch unsern Verein tat. Wenn ich in einem Neubau arbeitete, war es nicht schwer herauszubekommen, wer drinnen tätig war. Ich sang oder pfiff christliche Lieder. Manchmal hörte ich, wie ein Handwerksmeister zu seinen Gesellen sagte: »Da drinnen schafft der Hans, da dürft ihr nicht fluchen.«

Im »Bauernburschenlager«

Starke und lange nachwirkende Segnungen gingen in jener Zeit, in der wir geistlich in der »ersten Liebe« standen, von den Freizeiten aus, zu denen wir die jungen Männer riefen. Sie hießen damals »Bauernburschenlager«. Von einem, das in einer ganz besonderen Weise unvergeßliches Erleben brachte, will ich berichten.

Das Lager fand im Februar 1925 in Übermatzhofen bei Pappenheim statt. Wir waren 26 junge Männer. Es war alles so gehemmt und lahm. Ich war fast am Verzweifeln und meinte, ich sei schuld an der notvollen Lage und der Geist Gottes werde durch mich gehemmt. Ich ging in den Wald und bat den Herrn Jesus, mir doch zu zeigen, wo die Hindernisse für einen sieghaften Durchbruch unter den jungen Männern lägen. In dieser meiner Seelennot geschah etwas, das ich so nie mehr in meinem Leben erfahren habe. In meinem Geist sah ich den Herrn, und er enthüllte mir, was auf der Freizeit hemmend im Wege stand. Er nannte mir die Namen von zwei Teilnehmern aus der Fränkischen Schweiz, die in dämonische Bindungen verstrickt waren.

Der Leiter der Freizeit war ein Pfarrer. Als ich ihm mein Erlebnis im Walde erzählte, wollte er dies zunächst gar nicht glauben. Ich ersuchte ihn aber dringend, noch am selben Tag über das dunkle und gefährliche okkult-dämonische Gebiet zu sprechen. Da wurde dann alles offenbar. Die beiden erwähnten jungen Männer hatten sich mit ihrem Blut dem Satan verschrieben und ihm gelobt, an möglichst vielen Freizeiten teilzunehmen, um diese zu hindern und zu stören. Ich betete die ganze Nacht hindurch mit sechs andern jungen Gläubigen, daß die beiden Gebundenen frei würden. Gegen 3 Uhr in der Nacht sprang der eine von ihnen mit großem Gebrüll heraus und fuhr nach Hause. Eine halbe Stunde später kam der andere und bat uns, daß wir mit ihm beten und singen möchten. Er wollte wirklich von seinem Bann frei werden.

Wir beteten mit ihm, er hatte noch tagelange Kämpfe durchzustehen, aber er wurde ganz frei und froh und konnte acht Tage später glücklich nach Hause fahren. Von dem andern, der weggelaufen war, erfuhren wir später, daß ihn der Teufel nicht losließ, bis er sich erhängte. Als der furchtbare Bann von der Freizeit gewichen war, brach neues göttliches Leben unter den Teilnehmern durch, und eine Reihe junger Männer gab ihr Leben in die Hände Jesu.

Vor der Freizeit luden wir in den Dörfern in der Umgebung von Pappenheim eifrig ein und versuchten, junge Männer für die Teilnahme zu werben. Wir sangen Lieder und verteilten Blätter und ernteten dafür zunächst manchen Hohn und Spott.

An einem Ort war der Anführer der Dorfjugend ein gefürchteter großer Maulheld und ein notorischer Flucher. Gerade ihn nahm ich aufs Korn und fragte ihn, ob er nicht einmal acht oder zehn Tage Urlaub machen und mit zum Bauernburschenlager kommen wolle. Solch ein Urlaub – vor allem auf dem Lande – war damals noch recht selten. Der Angeredete erklärte seine Bereitschaft: »Ja, einmal acht Tage nichts zu tun brauchen, da würde ich schon gern dabei sein. Aber ich muß erst meinen Bauern fragen.« Ich erwiderte rasch: »Darf ich ihn fragen? Und wenn er es erlaubt, kommst du dann auch wirklich?« »Jawohl!«

Ich ging zu dem Bauern, und dieser war sehr erstaunt darüber, daß ich gerade »seinen Fritz« dabei haben wollte. Er wollte wissen: »Warum soll denn ausgerechnet der Oberlump vom Dorf an dem Lager teilnehmen?« Ich stellte die Gegenfrage: »Warum behältst du denn ausgerechnet einen ›Lumpen‹ so lange als Knecht?« Die Antwort: »Der schafft für drei und flucht für fünf.« Meine Erwiderung: »Darum! Gerade solche Leute suchen und brauchen wir!« Ich wußte: Wenn an dem Fritz der Geist Gottes sein Werk tut und ihn bekehrt, dann folgt die ganze Dorfjugend nach. Der Bauer war nach einigem Zögern bereit, den Fritz freizugeben, nachdem ich versprochen hatte, einen Ersatzknecht zu bezahlen.

Als dann am Sonntag die Freizeit begann, war der Fritz zunächst nicht da. Doch gegen 8 Uhr abends kam er schweißüberströmt von seinem Bauernhof, der sieben Kilometer entfernt lag, angeradelt. Als ich ihn fragte, warum er so spät käme, antwortete er: »Ja, wenn ich schon fort darf, dann muß ich meinen Stall mitsamt dem Vieh in tadellosem Zustand übergeben.« Ich dachte im Stillen: »In dem Kerl ist doch ein guter Kern.« Wir beteten natürlich ganz besonders intensiv für den Fritz.

Am Mittwoch war er auf einmal verschwunden, kam aber am späten Abend wieder. Auf meine Frage, wo er denn gewesen sei, sagte er: »Ich hab's nicht mehr ausgehalten, ich mußte nach Hause und meinem Bauern vieles bekennen, wo ich ihn belogen und bestohlen habe. Auch zu einigen Nachbarn mußte ich gehen und vieles in Ordnung bringen.« Da waren wir alle froh und dankten dem Herrn, daß er sein Werk bei unserm Fritz begonnen hatte.

Es war eine große Sündenlast, die dieser bei Jesus ablud. Aber nach acht Tagen war er ein vollkommen neuer Mensch, der überglücklich nach Hause fuhr. 14 Tage später suchte ich dann seinen Bauern auf, um mein Versprechen einzulösen und den Ersatzknecht zu bezahlen. Als der Bauer mich sah, konnte er gar nicht genug davon erzählen, was sich mit dem Fritz Verwunderliches begeben hatte:

»Ich wollte ihm eine besondere Freude machen und kaufte ihm eine neue Peitsche. Aber als er das Geschenk bekam, nahm er's, brach's entzwei und warf die Stücke ins Herdfeuer. Dann sagte er: ›Bauer, von heute ab brauche ich keine Peitsche mehr, die Pferde gehen auch ohne Hiebe!‹ Noch mehr waren wir erstaunt, als der Fritz aus dem Stall herauskam und den Kater auf dem Arm hatte. Dieser hatte bisher drei Jahre lang nur Fußtritte von ihm bekommen. Neben ihm trottete Karo, der Hund, der bisher um den Knecht immer einen großen Bogen gemacht hatte. Abends saß der Fritz dann mit der Dorfjugend zusammen, las aus der Bibel vor und erzählte, was er bei euch alles erlebt hat. Unser Pfarrer ist auch schon einige Male gekommen und ist genauso wie wir erstaunt, was Gott aus dem einstigen Rowdy gemacht hat. Er hat schon gesagt, der Fritz solle bald einmal in der Kirche predigen.«

Nach einem halben Jahr ist der Fritz in ein Missionshaus eingetreten. Er wurde Missionar und ist bis in sein hohes Alter ein froher Zeuge Jesu geblieben. Gott kann aus den größten Nichtsnutzen seine Werkzeuge machen. Ich sage es immer wieder: Die Katze und der Hund müssen es merken, daß du ein Leben mit Jesus führst oder auf der Freizeit warst. Und wenn die es nicht merken, war es eine verlorene Zeit.

Das verschwundene Briefmarkenalbum

Das Jahr 1925 brachte aber nicht nur die geschilderten erfreulichen Erfahrungen, sondern enthielt auch ein sehr betrübliches Erlebnis. Eines Tages brannten in einem Café in Gunzenhausen einige Zimmer aus. Der Besitzer war ein Herr H. Er galt als einer der reichsten Männer in der Stadt. Er war ein berühmter Briefmarkensammler und hatte ganze Zimmer voller Regale, in denen ein wertvolles Album auf das andere gestapelt war. Die Alben verbrannten bei dem Unglück nicht, sondern wurden nur vorne angekohlt. Durch das Löschwasser waren die Decken eingebrochen, sie mußten renoviert werden. Herr H. bat mich, den Kachelofen abzubauen, damit er nicht noch mehr beschädigt würde. Ich versprach ihm, am nächsten Tage zu kommen.

Als ich dann erschien, klagte Herr H. mir, er vermisse sein wertvollstes Album. Darin seien so kostbare Marken, daß er sich davon zehn Häuser kaufen könne. Er sei über den Verlust so untröstlich, daß er keine Lust mehr zum Leben habe und sich aufhängen wolle. Ich trat ihm entgegen und sagte: »Sie haben sich Ihr Leben nicht selber gegeben, und Sie haben darum kein Recht, es sich zu nehmen! Sie haben Briefmarken über Briefmarken. Verkaufen Sie einen Haufen davon, und Sie haben Geld in Hülle und Fülle.« Er gab zur Antwort: »Sie haben ja keine Ahnung von dem Wert des Albums. Darin befinden sich Marken, die kennt fast kein Mensch mehr, davon sind einige 10 000 Mark wert.«

Ich hatte damals keine Vorstellung davon, wie wertvoll Briefmarken sein können, und meinte, der Brandschaden sei Herrn H. in den Kopf gestiegen. Ich glaubte ihm darum nicht, was er sagte. Ich versuchte aber, ihn immer wieder zu trösten, und wiederholte, daß der Verlust des Albums auf keinen Fall ein Grund sei, seinem Leben ein Ende zu machen.

Dann brach ich den Ofen ab. In der Röhre fand ich zwei Alben, und ich fragte den Verzweifelten, ob eins davon das gesuchte sei. Das verneinte er: »Die sind nicht viel wert. Wenn du willst, kannst du sie mit nach Hause nehmen.« Ich hatte selber absolut kein Interesse an Briefmarken, dachte aber an meinen Bruder, der welche sammelte. So nahm ich die Alben mit. Als ich dann bei der Feuerung des Kachelofens ankam und den Dreck zusammenschaufeln wollte, fand ich wieder einige Alben. Da dachte ich: »Aha, Herr H. hat die wertvollsten Sachen im Ofen versteckt, damit sie kein Mensch und kein Einbrecher finden kann.« Er war nach dem Brande in der Nachbarschaft einquartiert und kam ab und zu vorbei um zu sehen, wie weit die Handwerker und auch ich mit unserer Arbeit gekommen waren. Ich zeigte ihm die Alben, und wieder sagte er traurig: »Das richtige ist nicht darunter.«

Dann wurde der Ofen bis zum Boden abgerissen. Wie ich den letzten Dreck zusammenkehrte, stieß ich auf etwas Weiches, und es kam das Album zum Vorschein, das Herr H. mir beschrieben hatte. Ich steckte es sofort in meine Jackentasche. Als dann etwas später der Besitzer hereinkam, wollte ich ihm gleich voller Freude sein schmerzlich vermißtes Eigentum aushändigen. Da aber raunte der Teufel mir zu: »Hans, behalte die Marken! Wenn sie so wertvoll sind, wie Herr H. behauptet, dann kannst du sie in zehn Jahren verkaufen und ein gutes Geschäft aufbauen. In zehn Jahren lebt der Mann nicht mehr, und kein Mensch weiß, wo du das Geld her hast. Dann bist du ein gemachter Mann!«

Es ist fast unbegreiflich, aber wahr: Obwohl ich nach meiner Bekehrung ein so freudiges Leben mit dem Herrn geführt hatte, konnte mich der Teufel mit seinen Einflüsterungen verführen. Ich konnte es hinterher selbst nicht verstehen, wie es möglich war: Aber ich habe das Album Herrn H. nicht gegeben, obwohl ich es vorhatte und schon nach der Jackentasche griff. Ich nahm es dann mit nach Hause und hatte die ganze Nacht keine Ruhe deswegen.

Es folgten fürchterliche Tage und Nächte. Drei Tage lang brachte ich es fertig, das Album bei mir zu behalten, obwohl ich mir immer wieder neu vornahm, es Herrn H. auszuhändigen. Einmal war ich schon in dem Hause, in dem er jetzt wohnte. Da war wieder der Teufel zur Stelle und flüsterte mir zu: »Wenn du jetzt das Album Herrn H. gibst, ist er imstande, die Sache in die Zeitung zu bringen, dann ist der ganze CVJM und das ganze Christentum blamiert und in den Dreck gezogen.« Und ich bin umgekehrt.

Herr H. veröffentlichte im »Altmühlboten«, der Gunzenhäuser Tageszeitung, eine Anzeige und versprach demjenigen 1000 Mark Belohnung, der ihm wieder zum Besitz des vermißten

Briefmarkenalbums verhelfen würde. 1000 Mark waren damals ein ungeheures Vermögen. Zum Vergleich nenne ich den Wochenlohn, den wir erhielten, wenn wir das Essen in den Häusern, in denen wir arbeiteten, frei hatten: ganze acht Mark! Sollte ich mir nicht wenigstens diese 1000 Mark sichern?

In alle meine unruhigen Fragen und Überlegungen hinein kam der Teufel mit seinen höhnischen Einreden: »Du bist wahrlich ein nobler Christ! Da singst du überall von Jesus, legst Zeugnis von ihm ab und willst andere zu ihm führen, und dabei bist du der größte Schuft, der in Gunzenhausen herumläuft! Das beste ist, du nimmst dir einen Strick und hängst dich auf oder gehst ins Wasser!«

Am vierten Tag habe ich es nicht mehr ausgehalten. Ich sagte zu mir: »Jetzt kann sein und kommen, was da will, jetzt muß das Album aus dem Hause und zurück zu Herrn H.!« Ich habe es ihm dann gebracht, die ganze Geschichte erzählt, ihn zerknirscht um Verzeihung gebeten und mich als einen großen Schuft bekannt. Ich sagte: »Sie können von mir aus die Angelegenheit in die Zeitung bringen oder sonst mit mir machen, was Sie wollen.« Und was tat Herr H.? Er umarmte mich, gab mir unter Tränen einen Kuß und verzieh mir großmütig.

Was war ich froh, daß die Bergeslast von Schuld und schlechtem Gewissen von mir genommen war! Ja, die Briefmarken hatten wirklich wie Bergeslasten auf mir gelegen. Ich habe mich noch lange geschämt, daß der Teufel dieses ganze Spiel mit mir hatte treiben können. Ich habe noch die ganze anschließende Nacht gebetet und gefleht, daß mir Gott meine große Sünde und Schuld verzeihen möge. Ich bin dann auch wirklich still und der Vergebung des Heilandes gewiß geworden.

Die nichtbezahlten Fahrscheine

Zugleich bat ich den Herrn: »Zeige mir doch, ob noch mehr unvergebene und unbereinigte Sünde in meinem Leben ist!« Da fiel mir mitten in der Nacht ganz plötzlich ein, daß ich in München und Nürnberg ein paarmal die Straßenbahn betrogen hatte. Ich hatte mich im Gedränge, als der Schaffner rief: »Ist noch jemand ohne Fahrschein?« insgesamt dreimal vor dem Bezahlen gedrückt. Es war mir klar, daß ich das wieder gut zu machen hatte. Aber wie?

Ich wählte den folgenden Weg: Ich schrieb einen Brief an das Straßenbahndepot in Nürnberg, bat darin herzlich um Verzeihung wegen meines Versäumnisses und legte einen Zwanzigmarkschein bei zur Wiedergutmachung. Zwanzig Mark – das war zu jener Zeit viel Geld. Ich klebte den Brief zu und wollte ihn in einen Postkasten werfen. Da aber hieß es in mir: »Die Sache brieflich erledigen, das ist feige. Du kommst öfter nach Nürnberg, du mußt die Sache persönlich ordnen.«

Ich fuhr dann auch bald geschäftlich nach Nürnberg und ging dabei zu der oben genannten Dienststelle der Straßenbahn. Ich war mir aber nicht klar, wo die richtige Stelle zum Abgeben des Briefes war. So ging ich einige Male in das Haus hinein und wieder heraus. Dabei schaute ich mich suchend um. Da öffnete sich oben ein Fenster, und eine Stimme rief: »Was suchen Sie denn eigentlich? Sie laufen ja herum wie eine Henne, die legen will und es nicht kann!«

Meine Antwort lautete: »Ich habe einen Brief für die Direktion abzugeben.« Kurz danach ist der Mann bei mir, packt mich am Arm und führt mich vor eine bestimmte Tür. Er öffnet sie und sagt: »Herr Direktor, hier will einer zu Ihnen.« Und schon stehe ich vor dem Chef. Dieser forscht mich aus: »Was wollen Sie denn? Suchen Sie Arbeit für sich oder einen andern?« »Nein, in dem Brief hier steht alles drin, worum es geht.« Und ich überreiche dem hohen Herrn mein Schreiben. Aber er will von mir persönlich erfahren, was der Inhalt ist. So muß ich Farbe bekennen, wenn es auch recht stotternd geschieht. Doch dann werde ich innerlich ganz froh und frei und lege vor dem Direktor ein Zeugnis von Jesus ab. Ich sage ihm, daß mich der Geist Gottes geheißen hat, die dreimalige Unterschlagung des Fahrgeldes zu bekennen und 20 Mark dafür zu übergeben.

Der Direktor will mich beruhigen: »Sie haben ja eigentlich keine Schuld. Die Schaffner sind oft zu faul, um durch den vollen Wagen zu gehen und allen einen Fahrschein zu verkaufen. Sie rufen bloß: ›Noch jemand ohne Fahrschein?‹ Und schon muß der eine oder andere Fahrgast aussteigen.« Ich erwidere: »Ich hätte ja von mir aus zu ihm hingehen und ihm sagen können, daß ich noch keinen Fahrschein hatte. Ich habe unrecht gehandelt. Das sagt der Geist Gottes meinem Gewissen. Und jetzt will ich von Ihnen wissen, ob Sie mir vergeben.« – »Natürlich ist das verziehen, und die 20 Mark, die stecken Sie wieder ein und nehmen Sie wieder mit sich. Für so etwas habe ich kein Konto.«

Ich lasse mich aber nicht abfertigen: »Das Geld bleibt hier, dafür haben Sie jetzt die Verantwortung. Was Sie damit machen, ist Ihre Sache. Sie können es ja für die Mission geben.« Ich lege die Summe auf den Schreibtisch, bedanke mich, daß der Chef mir vergeben hat und verlasse den Raum. In meinem Zeugnis hatte ich betont, daß man keinen Frieden mit Gott haben kann, wenn das Gewissen belastet ist. Ich spüre, nun ist mein Gewissen wieder frei.

Zwei Jahre später nehme ich auf der Hensoltshöhe an einer Freizeit teil. Und da erlebe ich folgendes Merkwürdige: Es sind Männer aller Lebensalter zusammengekommen. Am Schluß findet ein Zeugnisabend statt. Da steht u. a. ein Mann von etwa 52 Jahren auf und erzählt, wie er zu Jesus gekommen ist: »Das ist bei mir eigenartig zugegangen. Ich bin beim Straßenbahndepot in Nürnberg tätig. Vor zwei Jahren hat unser Direktor einmal die ganze Belegschaft aus der Werkstatt und aus den Büros zusammengerufen. Das waren insgesamt 72.«

Und dann hat er uns erzählt, wie gerade ein kleiner Kerl aus einer Entfernung von 50 Kilometern bei ihm gewesen ist. Der hatte sein Gewissen entlasten wollen, weil er die Straßenbahn betrogen hat. Der Direktor gab an, um welche Kleinigkeit es sich gehandelt habe. Der Kerl hat tagelang ein unruhiges Gewissen gehabt. Er hat alles mögliche erzählt und wie der Geist Gottes ihn zum Bekenntnis getrieben hat. Er hat gesagt, es gibt keinen Frieden mit Gott, solange das Gewissen belastet ist.

Der Direktor hat gemeint: »Was hätten wir alles gutzumachen, wenn wir es so genau nähmen wie der Kerl da!«

Und weiter hieß es in dem Zeugnis: »Als der Direktor das so sagte, hat er an die 2000 oder 3000 Mark gedacht, die seit einem Jahr bei uns im Büro verschwunden waren. Auf alle möglichen Leute fiel der Verdacht, bloß nicht auf mich, der ich ja im Büro normalerweise nichts zu tun hatte. Aber ich war der Dieb und hatte außerdem auch viel Werkzeug gestohlen. Nun packte mich eine große Unruhe, und ich ging zu einem Arbeitskollegen, der mich schon öfter in die Bibelstunde eingeladen hatte. Ich bekannte ihm alles. Ich wußte, wenn mein Geständnis bekannt wurde, dann drohte mir die Entlassung. Ich hatte eine große Familie mit fünf Kindern. Was sollte aus ihr werden, wenn ich entlassen und arbeitslos würde? Wie und wo sollte ich wieder Arbeit bekommen?

Aber der gläubige Kollege drang darauf: ›Da hilft gar nichts, du mußt reinen Tisch machen und die Sache öffentlich bekennen, nur so kannst du Ruhe und Frieden finden. Gott wird dich nicht im Stich lassen, wenn du ehrlich bekennst. Wir gehen heute abend zu unserm Prediger, und du sagst ihm alles. Der geht dann morgen mit dir zum Direktor.‹ Ich hatte nämlich gesagt, es würde mir zu schwer fallen, allein mit dem Chef zu sprechen.

Und richtig, am nächsten Tag machen der Prediger und ich uns auf den schweren Weg. Ich habe auch gleich in Kisten das gestohlene Werkzeug mitgebracht. Der Direktor hat nur mit dem Kopf geschüttelt und nicht glauben wollen, daß mein Geständnis der Wahrheit entsprach. Er fragt mich: ›Wollen Sie denn für einen andern ins Gefängnis gehen? Sie können das doch unmöglich gewesen sein. Erzählen Sie doch nicht solchen Unsinn! Sie wissen doch, daß es Entlassung bedeutet und daß Sie morgen Ihre Papiere bekommen, wenn Sie wirklich der Dieb sind.‹

Ich bleibe bei meinem Geständnis und sage: ›Herr Direktor, Sie haben uns von dem Fremden erzählt, der wegen der paar lumpigen Fahrscheine bei Ihnen war, weil er sein Gewissen entlasten mußte. Und ich muß auch mein Gewissen entlasten, ich habe die ganze Nacht keine Ruhe gehabt. So kann ich nicht weiterleben.‹

Der Direktor hat noch immer mit dem Kopf geschüttelt und

gesagt: ›Dann kommen Sie morgen um 8 Uhr noch einmal wieder.‹ Ich bin weggegangen mit der Gewißheit, daß am nächsten Morgen meine Entlassungspapiere auf dem Tisch liegen. Meiner Frau habe ich von der ganzen Sache nichts erzählt.

Am folgenden Tag stehe ich wieder vor dem Direktor. Er fragt mich noch einmal ganz ernsthaft: ›Sagen Sie, haben Sie wirklich das Geld gestohlen? Ich konnte die ganze Nacht nicht schlafen, ich mußte immer an Sie denken, ich kann es einfach nicht glauben.‹ Ich kann nur wieder sagen: ›Ja, ich war's. Ich habe das Schloß des Geldschranks repariert, und da habe ich den Griff in die Kasse getan. Lange Zeit habe ich mein Gewissen beschwichtigt, aber nun geht das nicht mehr. Ich muß mit der Sprache raus. Ich muß inneren Frieden haben.‹ Meine Entlassungspapiere liegen auf dem Schreibtisch, aber der Direktor besinnt sich und sagt dann zu mir: ›Weil Sie so ehrlich gewesen sind und den Diebstahl bekannt haben, werden Sie nicht entlassen. Aber Sie schaffen ab heute nicht mehr in der Werkstatt. Sie bekommen einen Arbeitsplatz im Lager.‹

Dort habe ich nach einiger Zeit sogar einen höheren Lohn bekommen, und dieser ist mir später noch einmal aufgebessert worden. Ja, ich habe erlebt, daß es Gott dem Aufrichtigen gelingen läßt.«

Das war der Inhalt – natürlich nicht der genaue Wortlaut – des Zeugnisses, das jener Teilnehmer der Männerfreizeit im Diakonissen-Mutterhaus Hensoltshöhe am Abschlußabend sagte. Ich saß mit einem roten Kopf dabei. Wie gut, daß der Mann nicht den Namen des »kleinen Kerls« nannte, der damals mit dem Bekenntnis, keine Fahrscheine gelöst zu haben, zu seinem Chef kam; den kannte er glücklicherweise nicht!

War das Ganze nicht ein herrlicher Anlaß, Gott zu preisen über seine Wunderwege? Welch wunderbare Nach- und Auswirkungen hatte doch der Herr auf mein Bekenntnis folgen lassen! Ich kann darum nur immer wieder ermutigen: »Wenn Gottes Geist euch zu irgendeinem Bekenntnis – sei es einer Lüge oder sonst einer Sünde – treibt, gebt ihm nach! Ihr geht dann oft keinen menschlich leichten Weg, aber es ist der einzige Weg, auf dem euer Herz und Gewissen Entlastung und Frieden findet.« Gewiß ist das Wichtigste, daß man dem Herrn die Sünden bekennt und seine Vergebung erbittet und erlangt. Aber das Bekenntnis vor Menschen und das

Erlangen ihrer Vergebung ist in vielen Fällen auch unerläßlich. Wenn es abgelegt wird, greift Gott oft wunderbar ein, wie ich selber und jener Mann vom Straßenbahndepot und viele andere es erfahren haben.

Reise zur CVJM-Weltkonferenz in Finnland 1926

Es kam das Jahr 1926. Dieses brachte mir ein Erlebnis, das meinen Glauben stärkte wie kaum eine andere Erfahrung in meinem Leben. Für die Zeit vom 1. bis 10. August war eine Weltkonferenz des Christlichen Vereins Junger Männer (CVJM) nach Finnland einberufen. Der Tagungsort war die Hauptstadt Helsinki. 1800 Abgeordnete aus 78 Nationen wurden erwartet. Auch eine Gruppe aus Bayern sollte teilnehmen. Dazu gehörte ich nicht. Man mußte sich ein ganzes Jahr vorher anmelden und schon einen Teil der Fahrtkosten einzahlen. Ich verfügte weder über Zeit noch Geld und war, wie gesagt, kein offizieller Delegierter. Aber merkwürdig, ich hatte ein halbes Jahr vor der Konferenz die unerschütterliche innere Gewißheit, daß ich nach Helsinki fahren würde. Ich war ganz sicher, daß das von Gott gewirkt und keine Einbildung war.

Jeder, zu dem ich darüber sprach, lachte mich aus. Aber je näher der Zeitpunkt der Abreise kam, umso gewisser wurde ich, daß ich dabei sein würde. Schon war der vorletzte Tag gekommen. Ich befand mich gerade auf Schloß Wernfels im Landkreis Schwabach, der Jugendburg des Bayerischen Jungmännerwerkes, und legte dort im Waschraum Fliesen. Für unsere Vertreter, die nach Finnland reisten, fand auf der Burg ein Abschiedsempfang statt. Ich nahm daran teil und sagte den Abreisenden zuversichtlich, daß ich mit- oder nachkommen würde. Ich kannte diese fast alle und war mit ihnen z. T. herzlich befreundet. Aber es fiel ihnen schwer, nicht zu erklären, daß ich fürs Irrenhaus reif sei. Ich konnte jedoch nicht glauben, daß Gott, der die Gewißheit der Teilnahme an der Reise in mein Herz gesenkt hatte, mich enttäuschen würde.

Am nächsten Morgen gegen 9 Uhr erschien Georg Kragler, der im CVJM Nürnberg in verantwortlicher Mitarbeit stand, an meinem Arbeitsplatz. Ich legte gerade Bodenplatten. Er forderte mich auf, aufzustehen. Und dann hatte er mir die folgende unwahrscheinlich klingende, aber völlig wahre Geschichte mitzuteilen:

Es war ein Eilbrief von dem Kleiderfabrikanten Vordemfelde aus Aschaffenburg eingetroffen. Dieser wollte an der Weltkonferenz teilnehmen und hatte für die Überfahrt auf dem Schiff die Erste Klasse gebucht. Alle seine Papiere und Fahrkarten hatte er seit langem in den Händen. Nun konnte er plötzlich aus familiären Gründen nicht reisen. Wenn ich mich recht erinnere, erwartete seine Frau ein Kind, von dem alle annahmen, daß es vor dem Beginn der Reise geboren würde. Die Ankunft des neuen Erdenbürgers verzögerte sich aber, und Herr Vordemfelde meinte, bei seiner Frau bleiben zu müssen. Er schickte alle Papiere an das CVJM-Büro in Nürnberg und schlug vor, man solle diese an einen Mann aushändigen, der sich durch besonders eifrige Mitarbeit im bayerischen CVJM auszeichne. Und nun meinten die Brüder, das sollte ich sein! Ich hatte z. B. am Umbau von Wernfels mich mit viel praktischer Arbeit beteiligt.

Georg Kragler fragte mich, ob ich einen Paß besäße. Das mußte ich verneinen. Daraufhin meinte er: »Dann besteht keine Hoffnung, daß du mitkommst. Ein Paß muß ordnungsgemäß beantragt werden, den bekommt man kaum vor neun Monaten.« Ich sagte: »Wenn ich auf so unerwartete Weise die Teilnehmerkarte für Helsinki erhalte, dann wird Gott auch für den Paß sorgen, so unvorstellbar das menschlich sein mag.« Schnell verarbeitete ich meinen Mörtel und wusch die Platten ab. Dann legte ich im Eiltempo auf dem Fahrrad die 18 Kilometer nach Gunzenhausen zurück und begab mich gleich zum Landratsamt. Zum Glück traf ich im Vorzimmer des Landrats dessen Sachbearbeiter, Regierungsrat Forster, den ich gut kannte.

Zu ihm sagte ich kühn: »Herr Forster, ich brauche sofort einen Paß!« Spöttisch fragte er zurück: »Und was noch?« Ich wieder kühn: »Vier Visa für Finnland, Schweden, Norwegen und Dänemark!« »Und bis wann?« lautete die nächste Frage. Antwort: »Heute noch! Denn morgen früh muß ich schon um ½ 6 Uhr von Nürnberg abfahren.« Darauf Herr Forster: »In einem halben Jahr läßt sich darüber reden. Jetzt und so plötzlich ist das alles unmöglich.« »Dann brauche ich das Zeug nicht mehr!«

Ich zeigte Herrn Forster alle die Anmelde- und Fahrkarten (sogar Erster Klasse!). Da meinte er mitleidig: »Ja, in diesem Falle sollte man über alle Paragraphen hinwegsteigen können. Aber es ist wirklich undenkbar, so rasch arbeiten Behörden nicht, es ist ja auch gar keine Zeit mehr dafür.«

Und doch machte er einen Vorschlag: »Der Herr Landrat wird heute nachmittag zu einer Besprechung nach Ansbach mit dem Regierungsauto geholt. (In Gunzenhausen gab es damals noch keinen Dienstwagen für den Landrat.) Vorher muß er etwa 30 Unterschriften leisten. Ich lege deinen Antrag und einen Paß zwischen die Schriftstücke. Im Normalfall geht solch ein Antrag erst nach München, und dann muß lang und breit untersucht werden, ob da keiner ausreißen will oder ein Verbrechen begangen hat.« Es war damals sehr schwer, an einen Paß zu kommen.

Herr Forster ermahnte mich noch, mich ja nicht vor 15 Uhr blicken zu lassen. Ich sollte auf keinen Fall dem Landrat selber in die Arme laufen. Erst als dieser nach Ansbach abgefahren war, wagte ich mich wieder zu Herrn Forster. Ich erfuhr, daß tatsächlich ein Paß ausgestellt und vom Herrn Landrat unterschrieben worden war! Aber der Paß allein genügte ja nicht, ich brauchte auch die Visa der vier Länder, die ich aufsuchen wollte. Und da hatte Herr Forster von sich aus bei den Konsulaten von Finnland, Schweden, Norwegen und Dänemark in München angerufen. Er hatte meinen Sonderfall geschildert: ich sei als Teilnehmer für eine ganz besonders wichtige Weltkonferenz vorgesehen. Daraufhin war ihm versprochen worden, daß ich die vier benötigten Visa bei einer Dienststelle in Stettin (von wo wir nach Finnland abreisen mußten) erhalten würde, und zwar auf Zimmer 268.

Nun gab es aber noch eine letzte Schwierigkeit zu überwinden. Herr Forster entdeckte, daß er einen falschen Stempel in den Paß gedrückt hatte, und er meinte wenig hoffnungsvoll, daß ich damit an der Grenze bestimmt zurückgeschickt würde. Ich hatte aber gleich wieder einen kühnen Vorschlag bei der Hand: »Sie haben hier eine ganze Portion Stempel liegen. Hauen Sie doch einen dreieckigen und noch ein paar andere hinein! Wenn dann auch keiner etwas entziffern kann, – die Beamten an der Grenze sind bestimmt zufrieden, wenn sie die vielen Stempel sehen!« Herr Forster ging darauf ein, und die halbe Seite war voller Stempel. Niemand hat hinterher an den Grenzen etwas beanstandet, kein Mensch hat mich gefragt, ich kam überall gut durch. Die Hauptsache war ja, daß die Visa in Ordnung waren – und das waren sie.

Nachdem ich auf so abenteuerliche Weise meinen Paß erhalten

und mit Herrn Forster einig geworden war, eilte ich zu meiner Mutter. Ich sagte ihr: »Wasche mir schnell ein paar Hemden; denn morgen fahre ich nach Finnland!« (Damals hatte man noch nicht einen solchen Vorrat an Hemden im Schrank wie heute.) Sie schaute mich an wie einen, bei dem es im Kopf nicht mehr ganz stimmte. Ich erzählte ihr dann, wie alles gelaufen war und zeigte ihr die Papiere und den Paß. Ich konnte ihr sogar mitteilen, daß ich im eigenen Portemonnaie über 120 Mark verfügte. Die hatte ich mir in den Monaten vorher mühsam zusammengespart, um bei der Reise etwas Taschengeld zu haben. So gewiß war ich immer gewesen, daß es mit der Fahrt klappen würde.

Mutter hat mich dann mit Wäsche gut versorgt. Ich packte meinen Koffer zusammen, fuhr am nächsten Tag um 5.30 Uhr von Gunzenhausen nach Nürnberg und trat dort zu meinen 18 bayerischen CVJM-Kameraden, die mit der Bahn nach Stettin und dann weiter mit dem Schiff nach Finnland reisen wollten. Ich hatte meinem Freund Georg Kragler eingeschärft, er dürfe niemandem etwas sagen, wo ich hinfahren würde. So hatten die andern noch keine Ahnung von dem sensationellen Ablauf der Dinge.

Nun wollten sie natürlich wissen, was ich denn hier tue und wo ich hinwolle. Meine Antwort: »Genau dorthin, wo ihr auch hinwollt!« Unterwegs fragten sie immer wieder, wo und wann ich denn endlich aussteigen würde. Als ich in Stettin immer noch bei ihnen war, fingen sie endlich an zu begreifen, daß ich wirklich einer der Teilnehmer an der Weltbundkonferenz in Helsinki war! Das war dann auch für sie, die vorher meine unerschütterliche Gewißheit belächelt hatten, ein eigenartiges Erleben. Für mich war das Ganze aber eine ungeheure Glaubensstärkung für mein ganzes Leben. Niemand hat mir seitdem ausreden können, daß Gott wirklich Klarheit und Gewißheit über ganz bestimmte Wege und Führungen schenken kann.

In Stettin trafen wir mit so bedeutenden Männern wie dem CVJM-Reichswart Erich Stange und dem Bundeswart des Westdeutschen Jungmännerbundes Paul Humburg zusammen. Der bekannte Posaunengeneral Johannes Kuhlo mit seinem Bläserquartett war auch dabei. Die Schiffsfahrt war einzigartig ruhig, in aller Frühe hörte man Kuhlo sein Flügelhorn blasen.

Auf der Fahrt von Stettin nach Finnland fuhren wir auch in den Hafen von Riga ein. Dort gedachten wir der vielen Hunderten von

Christen, die 1918/19 von den Bolschewisten im Baltenland erschossen worden waren. Das mutige Glaubenszeugnis der jungen Baronin Marion von Klot stand uns vor Augen, die ihren Mitgefangenen jeden Abend zum Trost das Lied anstimmte: »Weiß ich den Weg auch nicht, du weißt ihn wohl.«

Die Tagung selber war für mich ein unvergeßliches Erlebnis. Es war eine einzigartige Gemeinschaft mit so vielen Jüngern Jesu aus aller Welt, darunter vielen Schwarzen und Indern. Eindrucksvoll war es, den bekannten schwedischen Erzbischof Nathan Söderblom aus der Nähe zu erleben. Jeder Vortrag und jede Predigt war in vier verschiedenen Sprachen zu hören. Kuhlo blies unentwegt von früh bis spät sein Horn.

Ich hatte in der Heimat viel von Mathilda Wrede, dem »Engel der Gefangenen«, gehört und gelesen. Ich hatte mir vorgenommen, alles daran zu setzen, um anläßlich dieser Reise die berühmte Frau kennenzulernen und mit ihr zu sprechen. Das gelang mir auch tatsächlich. Ich konnte sie im Gefängnis von Kakola bei Abo besuchen und mich 1 ½ Stunden lang mit ihr über ihre Erlebnisse und Erfahrungen austauschen. Sie war damals schon sehr krank und ist dann Weihnachten 1927 heimgegangen.

Beim Abschied klopfte sie mir auf die Schulter und sagte: »Bruder, hilf mit, daß die Menschen, bevor sie ins Zuchthaus kommen, an Jesus gläubig werden! Ich muß immer versuchen, wenn sie schon im Gefängnis gelandet sind, daß sie dann noch den Weg des Lebens finden. Ich habe auch schon vielen dabei helfen dürfen. Aber besser ist es, sie kommen früher zum Herrn und lernen kein Gefängnis von innen kennen. Die aber doch dorthin kommen, bei denen suche auch du Gelegenheit, ihnen das rettende Evangelium zu verkündigen!« Ich habe Mathilda Wrede das Versprechen gegeben, und es war mir fortan ein heiliger Auftrag von diesem strahlenden »Engel der Gefangenen«.

Im Anschluß an die Weltbundtagung machten wir noch verschiedene Ausflugsreisen mit dem Schiff oder dem Auto in Finnland, dem Land der 1000 Seen. Alles war sehr gut organisiert. Ein besonderes Erlebnis war der Besuch der Stromschnellen und Wasserfälle von Imatra. Wir bekamen ein wunderbares Naturschauspiel zu sehen. Ein solches war auch das Nordlicht, das wir in seiner ganzen Schönheit bewundern konnten.

In der Nähe der russischen Stadt Wiborg gerieten wir mit

unserer Gruppe ungewollt über die finnisch-russische Grenze. In einer kleinen Stadt, die nur 18 Kilometer von Leningrad entfernt lag, kamen wir durch unser Singen mit vielen Gläubigen zusammen und hatten auf dem Kirchplatz fast zwei Stunden lang mit ihnen Gemeinschaft. Manche unserer Melodien waren auch ihnen bekannt. Ihre leuchtenden Augen waren uns wie ein Vorschmack jener Herrlichkeit, in der einst alle Kinder Gottes zusammensein werden, wenn alle die jetzt trennenden Grenzen aufgehoben sind.

Der russische Stadtkommandant wollte uns zuerst abführen lassen. Er zeigte sich dann aber samt seinen Wachsoldaten von unsern Liedern so beeindruckt, daß er uns wieder ziehen ließ, mit dem Wunsch, wir möchten das Loch wiederfinden, durch das wir ohne Grenzkontrolle unfreiwillig nach Rußland geraten waren. Durch Gottes Gnade fanden unsere finnischen Fahrer den Weg auch gut zurück.

Die Rückreise von Helsinki nach Deutschland geschah über Norwegen und Schweden. Wir besuchten Stockholm, Uppsala und andere Städte. Vom schwedischen Hafen Malmö aus fuhren wir dann nach Dänemark und besichtigten u. a. in Kopenhagen die berühmte große Christusstatue von Thorwaldsen, die den einladenden Christus darstellt. Ein mächtiges Kunstwerk! Über Hamburg gelangten wir wieder nach Hause, erfüllt und bereichert von vielen großen und unvergeßlichen Erlebnissen.

Die »Bestie« von Kaisheim

Nach der Rückkehr von Finnland drängte es mich, das Versprechen, das ich Mathilda Wrede gegeben hatte, zu erfüllen. Mit behördlicher Erlaubnis besuchte ich öfter, zusammen mit gläubigen Freunden, die Gefängnisse in Gunzenhausen und Lichtenau (Krs. Ansbach) und vor allem das große Zuchthaus in Kaisheim (Krs. Donauwörth), in dem 900 Männer lebenslänglich inhaftiert waren.

Gott hatte für den Besuch in Kaisheim wunderbar vorgesorgt. Ein halbes Jahr vorher war ich mit dem Verwalter des dortigen Zuchthauses zusammengeführt worden. Er hatte in Gunzenhausen den Zug versäumt, und ich lud ihn ein, bei uns zu übernachten. Ich ahnte nicht, wie nötig ich diesen Mann bald brauchen würde. Als ich ihn im Büro in Kaisheim erkannte, war ich dankbar; denn nun hatte ich bald den Zugang zu den Insassen des Zuchthauses. Er erzählte mir von dem gefährlichsten Burschen, und er nannte ihn nur die »Bestie«. Die »Bestie« hatte draußen einen Mann umgebracht und mit jedem im Zuchthaus zu streiten angefangen. Sie hatte im Lauf von drei Jahren drei Mitgefangene erdrosselt, so daß der Verwalter den finsteren Mann, der alle bedrohte, mit niemandem mehr zusammenarbeiten lassen konnte.

Dieser vierfache Mörder hatte, wenige Tage vor meinem Besuch, sogar den Anstaltspfarrer gewürgt. Nach meiner Rückkehr von Kaisheim mußte ich 14 Tage lang immer an den Mann denken. Als ich erneut das Zuchthaus aufsuchte, bat ich den Verwalter, mich doch zu der »Bestie« zu lassen. »Nein, auf keinen Fall!« lautete die entschlossene Antwort. Ich hielt aber weiter um die Erlaubnis an, und schließlich hieß es: »Aber nur mit zwei Wachtposten und mit geladenen Pistolen!« In der Zelle stand an der Wand ein mächtiger, etwa zwei Zentner schwerer Mann, der mir beharrlich den Rücken zukehrte. Ich bat ihn mehrere Male, er möge sich doch einmal umdrehen, ich hätte inzwischen seinen Rücken lange genug angeschaut. Das tat er aber nicht.

Daraufhin sagte ich ihm, daß ich ihm Grüße zu übermitteln hätte. »Wer wird schon an mich denken?« war die zweifelnde

Gegenfrage. Darauf ich: »Jawohl, Jesus hat auch an dich gedacht, als er am Kreuz ausrief: Es ist vollbracht!« Ich versuchte dann, mit dem Mann wirklich ins Gespräch zu kommen, aber vergeblich. Da sah ich oben am kleinen Zuchthausfenster ein schmutziges Glas Wasser stehen. Ich ersuchte ihn, das Glas herunterzuholen, da ich gern davon trinken wolle. Nun drehte er sich um und meinte: »Davon willst du saufen?« »Jawohl, wenn man Durst hat, trinkt man alles. Aber du mußt mir das Glas herunterholen, ich bin zu klein dazu.« Er nahm es tatsächlich in die Hand und reichte es mir. Als ich daraus trank, machte er große, erstaunte Augen. Nun war das Eis gebrochen. Ich hatte zehn Minuten Sprecherlaubnis erhalten, es wurden 1 ½ Stunden daraus.

Ich bat den Mann, sich zu mir auf seine Pritsche zu setzen, damit wir vernünftig miteinander reden könnten. Lange konnte er, der vier Morde auf dem Gewissen hatte, es nicht glauben, daß ihm noch Vergebung gewährt würde. Ich versicherte ihm, daß ein Tropfen des am Kreuze vergossenen Blutes Jesu ausreiche, um ihn rein zu waschen. Er konnte und konnte es nicht fassen. Ich wies ihn auf viele Bibelstellen hin, die alle dem Sünder die Vergebungsgnade zusagen. Ich redete lange, lange mit ihm. Er wurde immer offener.

Als es zum Essen gongte, mußte ich die Zelle verlassen. Der Mann bat mich sehr energisch, ich möchte meine Bibel bei ihm zurücklassen, damit er noch mehr darin lesen könne. Obwohl mir die Bibel sehr lieb und vertraut war, war es mir klar, daß ich den Wunsch zu erfüllen hatte. Ich sagte zu ihm: »Du kannst meine Bibel für die nächsten 14 Tage behalten. Wenn ich wiederkomme, bringe ich dir eine eigene mit. Schreib in der Zwischenzeit alle die Fragen auf, die dir beim Lesen kommen!«

Nach 14 Tagen fand ich mich wieder im Zuchthaus Kaisheim ein. Der Verwalter nahm mich in sein Büro und erzählte mir fast Unglaubliches. Er führte mich ans Fenster, von wo ich in den Gefängnishof sehen konnte. Wie war ich erstaunt, als ich die »Bestie« erblickte, umringt von 60 Mitgefangenen! Der Mann hatte meine Bibel in der Hand, las den andern daraus vor und hielt eine richtige »Bibelstunde«. Der Verwalter berichtete mir, daß der einst so gefährliche und gefürchtete Rowdy das täglich tue. Er würde nicht müde, von Jesus zu erzählen und von allem, was er in der Bibel gelesen hatte. Als ich später zu ihm in die Zelle trat, sagte der Verwalter, daß er jetzt keinen Wachtposten mit hereinschicken müsse, der Mann täte keinem mehr etwas.

Mein neuer Freund, die einstige »Bestie«, hatte sechs oder gar acht große Bogen Papier mit seinen Fragen vollgeschrieben. Wir konnten alles besprechen und klären, was ihn bewegte. Wohl vier Stunden waren wir dieses Mal beieinander. Es war eine feine, glückliche Zeit.

Ich durfte dann auch andere Gefangene besuchen und in größeren Zellen Andachten halten und singen. Es wurde durch den Schwerverbrecher eine Erweckung im Zuchthaus ausgelöst. Ein Mörder wurde ein Zeuge Jesu. Mehrere der Männer begannen ein neues Leben mit dem Herrn. Er selber wurde ein sehr fleißiger und ordentlicher Mann, dem man abspürte, daß er äußerlich und innerlich ein anderer geworden war.

Über 50 Jahre später, am 27. August 1977, erzählte am Kaffeetisch eine uns bis dahin unbekannte Frau, nachdem sie von meiner früheren Arbeit in Kaisheim gehört hatte: »Vor 50 Jahren hat mein Bruder in Kaisheim zu Jesus gefunden. Meine Eltern hatten sich fast die Augen aus dem Kopf geweint, weil sie einen Sohn als Zuchthäusler hatten. Am 27. 8. 1927 bekamen sie dann die freudige Nachricht, daß er Jesus erlebt hatte.«

O ein treuer Gott, der die Seinen oft noch nach sehr langer Zeit erfahren läßt, daß ihre Arbeit nicht vergeblich ist in dem Herrn!

Meine Besuche in den Gefängnissen habe ich fortgesetzt, bis die Hitlerzeit kam und sie nicht mehr erlaubt wurden. An Enttäuschungen hat es dabei wahrlich nicht gefehlt, aber es geschahen auch immer wieder schöne und ermutigende Dinge.

Die Lebensgefährtin

1927 war ein besonders glückliches Jahr in meinem Leben. Bei dem großen bayerischen Pfingstjugendtreffen auf Schloß Wernfeld lernte ich Rosa Fratz kennen. Sie hatte ihre geistliche Heimat im Mädchenbibelkreis (MBK) in Augsburg. Sie hatte gerade ihre Arbeit als staatlich anerkannte und angestellte Fürsorgerin begonnen und freute sich auf ein frohes Schaffen. Da kreuzte ich ihren Weg und durchkreuzte ihre Pläne! Aber erst nach langem Warten und viel Gebetsringen, ob uns wirklich Gott für unser ganzes Leben zusammenführen wollte, verlobten wir uns Weihnachten 1928. Am 14. April 1929 wurden wir dann im Luthersaal der von uns beiden so sehr geliebten Jugendburg Wernfels durch den damaligen Vorsitzenden des bayerischen CVJM, Pfarrer August Kronacher, getraut. Von den jetzt über 50 Jahren, die wir gemeinsam gewandert sind und Gott gedient haben, kann ich nur aus tiefer, dankbarer Überzeugung sagen: Der Herr hat uns geführt. Es ging über Höhen und durch Tiefen. In allem aber haben wir immer wieder erlebt, daß unser Gott und Heiland groß, herrlich und treu ist und daß keiner zuschanden wird, der ihm vertraut.

Im Jahre 1929 übernahm ich selbständig das elterliche Geschäft, in dem ich schon lange mit andern meiner Geschwister tätig gewesen war. Drei Wochen nach unserer Hochzeit nahmen wir als junges Ehepaar gleich zwei Waisenkinder ins Haus auf. Es war eine uns bekannte Frau aus der Landeskirchlichen Gemeinschaft von sieben Kindern weggestorben. Der Vater war ein halbes Jahr vorher heimgegangen. Die meisten der Kinder wurden bei Verwandten aufgenommen, und zwei fanden bei uns ihre neue Heimat.

1932 schenkte uns der Herr den ersten eigenen Sohn, Johannes. Vorher hatte es harte Prüfungen infolge von zwei Frühgeburten gegeben. Im Laufe der Jahre stellten sich dann sieben weitere Kinder ein, vier Söhne und drei Töchter. Die schon genannten beiden Waisen – Berta und Fritz – blieben nicht die einzigen Pflegekinder. Deren Zahl erhöhte sich später auf fünf.

Aus dem Erleben der gemeinsamen Jahre sei hier die schwere Erkrankung und Operation meiner Frau im Jahre 1942 herausgegriffen. Bei der Geburt unserer Tochter Krimhild 1941 hatte die Mutter einen sehr starken Blutverlust erlitten. Dieser wurde trotz aller ärztlichen Bemühungen in den nächsten Monaten nicht aufgeholt. Als meine Frau dann wieder ein Kindlein erwartete, verlor sie aufs neue sehr viel Blut. Schließlich mußte ein ärztlicher Eingriff vorgenommen werden. Ich fuhr sie am 1. Advent ins Krankenhaus im benachbarten Weißenburg. Der Arzt, ein bekannter Frauenarzt, operierte sie sofort. Das Kindchen, ein Mädchen, mußte entfernt werden und lebte nur zwei Stunden. Der Arzt hatte vor der Operation Bedenken, ob die geschwächte Mutter diese überstehen würde. Nun, das tat sie, aber die Lebensgefahr hielt an.

Acht Tage lang bangten wir um das geliebte Leben. Die Kranke hatte fast kein Blut mehr. Sie bekam zwar Transfusionen, aber sonst gab es in jener Kriegszeit für eine solche Lage wenig Hilfsmittel. Immer wieder rief mich der Arzt telefonisch an, ich möchte sofort kommen, wenn ich mit meiner Frau noch einmal zu sprechen wünschte. Ich fuhr täglich die 20 Kilometer von Gunzenhausen nach Weißenburg, voller Angst und Bangen, ob ich die Mutter noch lebend antreffen würde. Was man in solcher Zeit als Vater mit acht kleinen Kindern durchmacht, läßt sich nicht in Worte fassen.

Jeden Tag jedoch durften wir das Wunder erfahren, daß die Kranke am Leben blieb. Sie selber empfand die Schwere ihres Zustandes gar nicht so sehr, aber der Arzt hatte weiterhin ernste Bedenken und Sorgen, weil sie eben so sehr blutarm war. Er staunte täglich aufs neue, daß sie nicht starb. Während ich bei ihr war, schaute er immer wieder einmal zur Tür herein und wunderte sich, daß wir noch miteinander redeten und beteten.

Nach acht Tagen war die Hauptgefahr vorüber. Die Genesung machte dann gute Fortschritte, und nach weiteren zehn Tagen konnte die Mutter zur Familie nach Gunzenhausen zurückkehren. Die Kinder waren noch alle viel zu klein, als daß sie das schwere Erleben der Eltern hätten recht verstehen können. Aber groß war der Dank, daß wir wieder in unserer großen Familie vereint sein durften.

Und wir sind es durch Gottes Güte geblieben! Am 14. April

1979 konnte ich mit meiner geliebten Gefährtin die Goldene Hochzeit feiern. Wir taten das in dem Christlichen Gästehaus Lindenhof bei Rettenbach im Allgäu, das unserer Tochter Elisabeth und unserem Schwiegersohn Günter Harm gehört. Obwohl nur der engste Familienkreis zusammengekommen war, zählten wir doch insgesamt 54 Teilnehmer. Unsere Kinder bereiteten alles so liebevoll und aufmerksam vor und zu, daß wir, solange wir auf Erden leben, an die schöne Feier zurückdenken werden. Gelobt sei Gottes Gnade, die uns so lange einander erhalten hat und durch die wir so mannigfaltig im Weinberg des Herrn haben mitarbeiten dürfen!

Die »Brüder von der Landstraße«

Am Ende der zwanziger und zu Beginn der dreißiger Jahre gab es in Deutschland ein wachsendes Heer von Arbeitslosen, das schließlich sechs Millionen umfaßte. Manche von ihnen machten sich als Handwerks- und Wanderburschen auf den Weg und suchten nach Arbeit. Etliche waren reine Abenteurer, auch Kriminelle fehlten unter ihnen nicht. In großen Städten wurden solche jungen und älteren Männer in den »Herbergen zur Heimat« aufgenommen. Im kleinen Gunzenhausen gab es diese Einrichtung nicht. Da fühlte ich mich 1929 bewogen, solche »Wandervögel«, wenn sie bei uns auftauchten, in unser Haus einzuladen und aufzunehmen. Mir taten vor allem die Jungen leid, die von alten »Speckjägern« angeheuert und zum Betteln erzogen und abgerichtet wurden. Mit diesen saßen sie oft stundenlang in den Kneipen zusammen. Das war wirklich kein guter Einfluß und keine gute Umgebung für sie.

Unser Haus war nicht sehr groß, aber wir hatten damals noch keine eigenen Kinder, sondern nur die beiden von uns aufgenommenen Waisen. Erst waren es 3 oder 4 Männer, die sich bei uns aufhielten, aber ihre Zahl wuchs manchmal bis 8, 10, 12 oder mehr täglich. Die Übernachtungsmöglichkeit bei uns sprach sich herum. Wenn ich diesen und jenen fragte: »Wie bist du denn an unsern Namen und unsere Anschrift gekommen?« – dann hieß die Antwort sehr oft: »Der – oder diejenigen haben mich auf euch aufmerksam gemacht.«

Wir haben in unserer Wohnstube und in Küche und Flur Strohsäcke für die Nichtseßhaften ausgebreitet. Ich habe für unsere »Besucher« mancherlei getan, wozu die Liebe Jesu mich drängte und fähig machte. Ich habe aus ihren Hemden und Jacken ungezählte Läuse »hervorgelockt« und »geknackt«. Ich habe manchen alten »Speckjäger«, der seit langer Zeit kein Wasser mehr an seinem Leibe verspürt hatte, in die Badewanne gesteckt und abgebürstet.

Die Kerle blieben oft tagelang bei uns. In dieser Zeit wurde ihre Wäsche gewaschen und wurden ihre Kleider und Schuhe geflickt und gerichtet. Ich kaufte Holz auf und ließ sie dieses zerkleinern.

Ich bettelte Kleidungsstücke für sie zusammen. An den Weihnachtstagen waren manchmal bis zu 60 Männer bei uns; denn an den Feiertagen ließ ich niemand wandern. Ich fertigte einige Hundert Weihnachtsholzkrippen und verkaufte sie. Von dem Erlös wurden Weihnachtsgeschenke für die »Brüder von der Landstraße« gekauft.

Ein Jahr lang lief das alles ungestört. Dann wurde ich 1930 angezeigt wegen »wilden Beherbergens«. Ich wußte nicht, daß so etwas nach den Gesetzesparagraphen verboten war. Ich wollte ja nur Männern, die in Not waren und herumlungern mußten, helfen. Das erkannten die Behörden auch an. Sie legten mir nur nahe, so schnell wie möglich eine ordentlich gemeldete Übernachtungsstätte zu schaffen. Aber wo sollte ich das tun, und wer sollte das bezahlen?

Da dachte ich an die beiden leerstehenden Räume: das Brennhaus und die Töpferwerkstatt. Die Töpferei hatten wir längst aufgegeben, weil sie sich nicht mehr lohnte. Das Geschirr aus Ton war längst durch solches aus Email oder Aluminium verdrängt worden. Eines Tages sagte ich zu meiner Mutter: »Es gibt eine Möglichkeit, die Handwerksburschen unterzubringen. Aber ich weiß, es würde dir sehr schwer fallen, die leerstehenden Räume der früheren Töpferwerkstatt dafür herzugeben.«

In der Tat hing meine Mutter daran. Die Räume waren einst gebaut worden, als meine Mutter mich unter dem Herzen trug. Es war damals für unsere Familie eine wirtschaftlich schwierige Zeit gewesen. Mutter gab mir zur Antwort: »Warte, bis ich tot bin, dann kannst du mit den Räumen machen, was du willst.« Ich erwiderte: »Du liebst aber doch auch die Wanderburschen und möchtest gern, daß sie den Weg zu Jesus finden. Und hier ist eine Chance, ihnen zu helfen.« Sie begann dann zu weinen, und ich schwieg fortan.

Nach einigen Wochen fing Mutter aber selber wieder von der Sache an: »Ich fahre morgen nach Augsburg zum Besuch deiner Schwester. In der Zeit meiner Abwesenheit kannst du die Räume nach deinem Belieben verändern, ich sehe nichts davon. Wenn ihr fertig seid, komme ich wieder.«

Kaum war Mutter draußen, da haben wir schon angefangen, einzureißen, zu ändern und umzubauen. Halbe Nächte haben mir meine Kameraden geholfen. Innerhalb von 3 ½ Wochen war ein

Wandererheim erstellt mit zwei Schlafräumen und einem Aufenthaltsraum, in dem 35 Personen Platz fanden. Dazu kam ein Bad, ein Waschraum und ein Desinfektionsofen, wo die vielen Kleiderläuse »braten« konnten.

Bei all der äußeren Fürsorge, die wir unsern »Gästen« angedeihen ließen, war mir doch das Wichtigste, daß sie bei uns die Botschaft von Jesus, dem Heiland der Sünder, hörten. Es sollte mich keiner in der Ewigkeit einmal anklagen, daß ich ihm nicht klar und deutlich den Weg zum wahren Leben gezeigt hätte. Morgens und abends hielt ich Andachten. Manchmal taten das auch andere Brüder, so Pfarrer Ernst Keupp, der Hausvater des Diakonissen-Mutterhauses Hensoltshöhe, oder Pastor Ernst Modersohn, der öfter als Redner zu den Konferenzen des Mutterhauses kam. Sogar den Direktor des Deutschen Gemeinschafts-Diakonieverbandes, Pfarrer Theophil Krawielitzki, hatten wir einmal in unserer Mitte. Jeden Sonntag führte ich die gerade in unserm Wandererheim befindlichen Männer zum Gottesdienst auf der Hensoltshöhe. Alle freuten sich, wenn ich mit meiner »Schar« von 30–40 erschien.

Rauchen und Politisieren war im Heim untersagt. Es war nicht immer leicht, das letztere einzuhalten. Es waren ja jene Jahre, in denen in der wirtschaftlichen Notzeit sich die Gemüter immer radikaler erhitzten. Viele wandten sich den extremen Parteien von rechts und von links, den Nationalsozialisten und den Kommunisten, zu und setzten auf sie ihre Hoffnungen.

Zum »Predigen« kam bei uns immer nach Möglichkeit die helfende Tat. Die Männer wurden mit Holzhacken und Gartenarbeiten bei Bekannten beschäftigt. Ich hatte aber viel weiterreichende Pläne. Ich wollte eine richtige Wandererarbeitsstätte für 120–150 Personen schaffen mit Obstplantagen, Seidenraupenzucht u. a. Diese Vorhaben zerschlugen sich aber, vor allem durch den politischen Sieg des Dritten Reiches und seine Arbeitsbeschaffungspläne.

In manchem Jahr waren es 6000–8000 »Brüder von der Landstraße«, denen bei uns Verpflegung und Übernachtung gewährt wurde. Sie alle hörten das Wort von der Gnade Gottes. Einige nahmen es an und wurden neue Menschen in Jesus Christus. Es mußten jedoch auch mancherlei Enttäuschungen in Kauf genommen werden.

Allerlei Schicksale

Oft erst nach Jahren erfuhr ich von diesem und jenem meiner Handwerksburschen, daß ihnen die Zeit im Heim zum Segen geworden war. Zwei von ihnen sind später sogar Evangelisten geworden. Vor einigen Jahren hielt ich in Solingen einen Lichtbildervortrag. Nach dessen Beendigung trat ein stattlicher Mann zu mir, begleitet von einer stattlichen Frau und zwei stattlichen Töchtern. Ich schaute ihn an, und mich durchzuckte der Gedanke: »Das ist doch einer von deinen Handwerksburschen!« Er sprach mich an und meinte: »Mich kennen Sie bestimmt nicht mehr!« »Doch«, erwiderte ich, »wenn ich mich nicht täusche, waren Sie Weihnachten 1932 bei uns im Wandererheim.« Er staunte: »Das wissen Sie noch?«

Dann fuhr er fort und erzählte eine lange Geschichte, wie es ihm seitdem ergangen war. Er zeigte mir ein Foto, das wir damals von der ganzen Gesellschaft gemacht hatten. Darauf war er zu sehen mit einem finsteren Verbrechergesicht, und er war auch tatsächlich ein Verbrecher gewesen. Nun aber sah er so frei und fröhlich drein und sagte: »Ich wollte meiner Frau und meinen Töchtern einmal meinen Lebensretter zeigen.«

Er erinnerte sich noch sehr genau daran, wie ich ihm beim Abschied gesagt hatte – was ich in dieser Form bei den meisten tat: »Denkt immer daran, wenn es euch einmal ganz dreckig im Leben geht, daß Jesus auf euch wartet und euer verpfuschtes Leben wieder in Ordnung bringen will und kann. Werft darum euer Leben nicht weg! Laßt euch vom Teufel nicht dazu verführen, daß ihr ins Wasser geht oder euch an einem Strick aufhängt! Jesus kann alles neu machen, ihr braucht nur euer verpfuschtes Leben ihm vor die Füße zu werfen.«

Der Mann, den ich jetzt in Solingen traf, stand eines Tages irgendwo auf einer Brücke. Ihm kam sein Leben völlig kaputt und verloren vor. Er wollte darum in den Fluß springen und mit allem Schluß machen. Aber als er das Geländer schon in der Hand hatte, um sich darüber zu schwingen, hörte er von ferne einen Ruf: »Denk daran, daß Jesus auf dich wartet und dein Leben neu machen kann!« Es muß ein Engel gewesen sein, der zu ihm mit den Worten redete, die ich ihm gegenüber gebraucht hatte. Da konnte er nicht mehr selber Hand an sich legen. Er trieb sich die ganze folgende Nacht draußen herum und wußte nicht, wie alles weitergehen sollte. Nur eins war ihm zunächst klar: Er durfte sich nicht selber töten.

In dem Haus, in dem er damals seine Herberge hatte, wohnte auch ein gläubiger Mann, der ihn schon öfter eingeladen hatte, mit ihm eine Bibelstunde zu besuchen. Von diesem wußte er, daß er morgens um 5 Uhr zur Arbeit fortging. Er wartete auf ihn und erzählte ihm, was in der Nacht passiert war. Dann fragte er ihn, was er denn jetzt tun solle. Der Mann sagte: »Komm, geh mit mir in die Fabrik! Wenn um 7 Uhr der Chef kommt, dann frage ich ihn, ob ich dich zu unserm Prediger führen darf.« Das wurde erlaubt, und so kam der Unglückliche zu dem Stadtmissionar Großmann in Solingen, und der zeigte ihm den rettenden Weg zu Jesus.

Seitdem war der Mann ein froher Zeuge Jesu und ein eifriger Helfer in der Stadtmission. Sein Zeugnis davon, wie Jesus erretten und frei machen kann, überzeugte andere. So etwas Herrliches erfuhr ich nach 30 Jahren! Die Arbeit für den Herrn ist nicht vergeblich!

Ähnlich ermutigend war es, als vor einigen Jahren zwei Mädchen an einer Freizeit bei uns in Oberstdorf teilnahmen und mir sagten: »Unser Vater hat uns erzählt, daß er als Handwerksbursche in Gunzenhausen war. Dort hat ihn ein Mann namens Krebs zum Heiland geführt. Nun will er wissen, ob Sie von diesem ein Verwandter sind.« Welche Freude war es für mich, sagen zu können: »Nein, kein Verwandter! Ich bin der Mann selber!«

Noch ein Beispiel dafür, wie in jenen Tagen, als ich das Wandererheim betrieb, Gottes Wort und Geist an den Herzen und Gewissen meiner Männer wirkte. In einer »Stillen Stunde« an einem Karfreitagnachmittag versuchte ich, meinen Brüdern den eigentlichen Sinn des Sterbens Jesu, den Tod zu unserer Erlösung, klar zu machen. Hinterher kam einer von den Handwerksburschen, vielleicht 40 Jahre alt, zu mir und verlangte von mir, ich solle mit ihm zum Amtsrichter gehen. Er wolle ein Verbrechen bekennen und sich einsperren lassen. Er habe vor 13 Jahren bei Bremen einen Raubmord verübt, und seit 12 ½ Jahren sitze für ihn ein Vater von fünf Kindern, unschuldig verurteilt, im Zuchthaus. Tag und Nacht werde er wie ein scheues Wild von seinem Gewissen gejagt, und er halte es nun nicht mehr länger aus.

Ich konnte diese Erzählung nicht recht glauben und bat darum Pfarrer Keupp, den Hausvater der Hensoltshöhe, den Mann anzuhören. Auch Pfarrer Keupp war nicht ohne weiteres überzeugt, daß der Mann die Wahrheit sagte.

Aber dieser wiederholte sein Geständnis immer wieder und sagte, daß er sich das Leben nehmen würde, wenn der unschuldig Verurteilte nicht bald seine Freiheit wiedererlangte. Am Karsamstag rief ich dann den Amtsgerichtsrat von Gunzenhausen an und ließ ihn wissen, daß ich eine »schwere Kanone« bei mir hätte, ob wir beide zum Verhör zu ihm kommen dürften. Er kannte mich gut und stimmte zu. Wieder legte der Handwerksbursche sein Geständnis ab. Der Amtsrichter setzte sich mit der Bremer Justizbehörde in Verbindung, und am Mittwoch nach Ostern trafen zwei Kriminalbeamte aus der Hansestadt mit den entsprechenden Akten in Gunzenhausen ein.

Einer von ihnen hatte an der Verhandlung, bei welcher der Unschuldige verurteilt worden war, teilgenommen. Nun wurde der Mann, der sich selbst bezichtigte, genau nach dem Hergang der Tat vor 13 Jahren ausgefragt. Nach einer halben Stunde Verhör war alles klar, und der wirkliche Mörder wurde verhaftet. Er sagte noch zu uns allen, daß er in den Jahren nach seiner Mordtat gut verdient und sich ein Haus gebaut habe. Er hätte auch heiraten wollen, aber wegen seines unruhigen Gewissens sei es nicht dazu gekommen. Nun solle der Mann, der für ihn unschuldig im Zuchthaus gesessen habe, sein Haus bekommen.

Die Erinnerungen an die Zeit des Wandererheims seien beschlossen mit zwei schmerzlichen Erlebnissen: An einem Weihnachtsfest freute sich ein Wanderbursche, der zu uns kam, daß er ein Paket seiner Mutter vorfand. Als er es öffnete, wurde er ganz bleich und erschrak über den Inhalt: einen Revolver und einen Brief, in dem stand: »Wenn du nicht zu feige bist, dann erschieß dich, damit endlich die Schande, die du uns angetan hast, von der Familie genommen wird! – Deine Mutter.«

Zwei Jahre später geschah etwas Ähnliches. Ein Wanderbursche, der Sohn eines Direktors, fand zu Weihnachten ein Päckchen vor. Es lag ein Strick darin, und der Inhalt des beigefügten Briefes lautete: »Such dir den nächsten Baum, wenn du nicht zu feige bist, und häng dich auf! Die Schande ist zu groß, die du deinem Vater und deiner Mutter angetan hast. Wir hoffen, nichts mehr von Dir zu hören und zu sehen. – Deine Mutter.«

So handelten zwei Mütter an ihrem eigenen Fleisch und Blut, weil ihre beiden Söhne aus der normalen bürgerlichen Gesellschaft ausbrachen, große Geldunterschlagungen und Diebstähle begingen und das unstete Leben auf der Landstraße erwählten. Wie anders im Gegensatz dazu das Selbstzeugnis Gottes in der Bibel: »Kann auch ein Weib ihres Kindleins vergessen, daß sie sich nicht erbarme über den Sohn ihres Leibes? Und ob sie desselben vergäße, so will ich doch dein nicht vergessen.«

Die Arbeit im Wandererheim dauerte bis zum Jahre 1935. Dann waren infolge des Arbeitsbeschaffungsprogramms des Dritten Reiches die Arbeitslosen von den Straßen verschwunden. Und von 1936 an war Wandern und Betteln auf den Landstraßen als arbeitsscheues Verhalten verboten. Die für die Wandererarbeitsstätte bereits angelegten Erdbeer-, Himbeer- und Brombeerplantagen auf einem fast 100 Morgen großen trockengelegten Teichgebiet erübrigten sich. Zur Feststellung der Bodenbeschaffenheit hatte ich durch das Kulturbauamt Weißenburg 256 Tiefbohrungen 2,5 m durchführen lassen. Für die Zucht von Seidenraupen waren bereits über 2000 Maulbeersträucher gepflanzt worden. Das alles fiel nun buchstäblich »ins Wasser«. Der Teich wurde wieder voll Wasser und zur Fischzucht verwendet.

Die Jahre auf dem Fallhof

Im Jahre 1936 ging es mir gesundheitlich gar nicht gut. Es plagten mich oft Kopfschmerzen und Schwindelanfälle. Ich begann zu fragen, ob ich mein bisheriges Geschäft als Ofensetzer und Fliesenleger aufgeben solle. Auch wirtschaftlich warf das Handwerk immer weniger ab. 1938 fiel dann die Entscheidung so, daß das Geschäft an meinen Bruder Gottfried verkauft wurde. Ich aber erwarb den »Fallhof«, ein Gehöft, das, zwei Kilometer von Gunzenhausen entfernt, zwischen einem Waldrand und einem schönen großen Weiher gelegen war. Es befand sich dort eine kleine Landwirtschaft und eine Abdeckerei. Auch wollte ich meine vom Jahre 1929 an nebenbei betriebene kleine Silberfuchs- und Hühnerzucht vergrößern. So kam es zum Umzug aus unserer Stadtwohnung an den idyllisch gelegenen Platz.

Über die Jahre auf dem Fallhof will ich nicht mit meinen eigenen Worten berichten. Es liegt das Büchlein von Arno Pagel »Drei am Himmelhorn« vor, dessen Hauptinhalt der Bericht von dem tragischen Bergtod meiner drei hoffnungsvollen Buben Martin, Walter und Richard ist. Es erzählt aber auch die Geschichte des Fallhofes und sei dafür wie auch für die Darstellung des weiteren Verlaufs meines Lebens herzlich empfohlen. Hier ist ein Auszug:

»Besonders rentabel wurde der Betrieb auf dem Fallhof durch die Errichtung einer Tierkörperverwertungsanstalt im Jahre 1940. Verendetes Vieh, das für den menschlichen Genuß unbrauchbar geworden war, wurde in den Kesseln der Fabrik zu Eiweißkonzentrat und Fett für die Seifenindustrie ausgewertet.«

Hier möchte ich einfügen, daß die Genehmigung zum Bau dieser Anstalt durch das Reichswirtschaftsministerium in Berlin sehr schwer zu erlangen war, weil ich kein Parteimitglied war. Trotzdem erhielt ich nach sehr scharfen Auseinandersetzungen am 7. Mai 1940 eine Ausnahmegenehmigung und die Vollmacht zum sofortigen Beginn der Errichtung. Am 8. Mai begann ich mit dem Bau der Fabrik, die im Oktober betriebsfertig war.

Nun sei weiter aus dem obengenannten Büchlein zitiert: »Der

Mein Eltern-, Geburts- und Wohnhaus

Die Hensoltshöhe damals – meine geistliche Geburtsstätte

Rechts: Der Langstreckenläufer (1919–1923)

Hochzeit auf der Jugend-Burg Wernfels
14. April 1929

Der Ofensetzer

Der Fliesenleger

Der Töpfer

Der Pelztierzüchter mit Jungfüchsen

Ein Silberfuchs

Jung-Nerze

Der Fallhof bei Gunzenhausen mit Tierkörperverwertungsanstalt

Tierkörperver-
wertungsanstalt

Touristenheim
Vogel, 1953
beim Ankauf

Christliches
Freizeitheim,
ein halbes Jahr
später

Christliches
Freizeitheim,
1955

Posaunenfreizeit

Unsere drei Söhne
Martin, Walter
und Richard
abgestürzt am
2.9.1956 am
Himmelhorn

Familienfreizeit

»Vierertreffen«
(von links nach rechts: A. Achenbach, W. Busch, A. Pagel, H. Krebs)

Oben
Heim Bergfrieden
(heutige Gestalt)

Mitte
Großfamilie Krebs mit
Enkelkindern
(Goldene Hochzeit 1979)

Unten
Alle meine eigenen und
Pflege- und Schwiegerkinder

Fallhof lag herrlich. Er war von Wäldern und Wiesen umrahmt. Der große Weiher davor war von allerlei schwimmendem Getier bevölkert. Es gab sogar Schwäne. Was war das für eine Freiheit und Freude für die Krebs-Kinder, eine solche Heimat zu haben! Von früher Jugend an hatten die ›Fallhofkinder‹ Tiere als Gefährten. Das waren Pelztiere und Rassehunde, Hühner und Tauben, Schafe und Ziegen. Wie hätte es da je langweilig werden können! Je mehr der Betrieb sich ausweitete, um so mehr mußten die Kinder mit Hand anlegen. Sie taten das meistens gern, da sie große Tierfreunde waren.

Auch in die schöne Abgeschiedenheit des Fallhofes drang die böser werdende Zeit mit ihren Versuchungen und Gefahren ein. Dem Vater bekam es in seinem Glaubensleben nicht gut, daß sein großer Betrieb so viel Arbeit und Gewinn einbrachte. Die Parolen des Nationalsozialismus nahmen ihn mehr und mehr gefangen, sein Leben mit Gott wurde schwach und untreu. Zum Bibellesen und Beten blieb immer weniger Zeit und Lust. Die Mutter vermochte sich diesen Verstrickungen soweit zu entziehen, daß sie wenigstens daran festhielt, mit den Kindern das Abendgebet zu sprechen. Als dann im Zusammenbruch des verlorenen Zweiten Weltkrieges der Wahn des Dritten Reiches zerstob, da gewann auf dem Fallhof der Geist der Buße und Beugung Raum. Die Eltern Krebs fanden zu dem Herrn Jesus zurück, und es wurde ein gesegneter Neuanfang. Die Gnade Gottes begann dann auch an den Kindern ihr Werk.

Doch zunächst noch einmal zurück in die Schlußphase des Krieges! Als 1944/45 die Bombenangriffe auf die benachbarten Großstädte (vor allem Nürnberg) sich immer mehr häuften und die Schrecken und Zerstörungen zunahmen, griff Vater Krebs die folgende Aufgabe tapfer und unermüdlich an: Mit seinem Lastwagen schaffte er die Habe und Wohnungseinrichtung von Bombenbeschädigten oder -bedrohten an neue Zufluchtsorte. So rettete er sie in vielen Fällen vor der völligen Vernichtung. Kaum ein Hilfesuchender wurde abgewiesen. Dabei erlebte er manche denkwürdige Bewahrung.«

Das war z. B. in der Landgrabenstraße bei einer Bombardierung von Nürnberg der Fall. Hans Krebs berichtet darüber: »Vom Luftschutzwart wurde ich gezwungen, sofort in den Luftschutzkeller zu gehen. Meinen Lastwagen stellte ich 30 Meter entfernt ab, und dann begab ich mich schnell – zusammen mit meiner mich begleitenden Frau – in den Keller. Dort hielten sich schon 14 Personen auf. Nach einigen Minuten wurde ich wie von einer unsichtbaren Hand hinausgezogen. Schnell ging ich mit meiner Frau zu unserm LKW. Obwohl es überall schon krachte, legten wir uns unter das Fahrzeug. Nach 10–15 Minuten hörte der Lärm auf und verzog sich der Staub. Wir sahen von dem Haus, in dem wir uns befunden hatten, nur noch einen Schutthaufen. Alle Menschen darin waren tot. Wir aber lebten auf Grund von Gottes seltsamer Führung.«

Der ganze Fallhof erlebte eine große Bewahrung, als einmal Tiefflieger einen in der Nacht in der Nähe aufgestellten deutschen Munitionszug beschossen und zur Explosion brachten. Da entstand wohl allerlei Schaden an den Dächern, Türen und Fensterscheiben, aber die Menschen blieben unversehrt.

Hans Krebs besaß – was in jener Zeit ganz selten war – einen »unbegrenzten Fahrausweis«. Er führte u. a. auch Geheimfahrten für die Wehrmacht durch. Die ihm gewährte Sondergenehmigung ermöglichte ihm auch die Abholung von gefallenen deutschen Soldaten, die nach dem Willen ihrer Eltern auf dem heimatlichen Friedhof beerdigt werden sollten. Er machte mit seinem »Holzvergaser« Fahrten bis nach Prag, Breslau und Dresden und nach Holland.

Als das Leben – wenn auch zunächst unter den harten Bedingungen der Nachkriegszeit – langsam wieder normal wurde, lebte die Tierzucht auf dem Fallhof kräftig auf. Die Gehege waren von den verschiedensten Gattungen der Füchse, von Sumpfbibern, Nerzen und Mardern bevölkert. Dabei gab es auch manches Notvolle zu erleben. Einmal wurde durch die Einfuhr von Blaufüchsen die ganze Farm durch Räude verseucht. Sie mußte total verlegt werden. Alle Gehegeteile und alle Wurfkästen mußten ausgekocht und in einer großen Wanne desinfiziert werden. 150 Zuchtfüchse mußten in Desinfektionsmitteln gebadet werden. Die Tiere wurden alle von der Krankheit geheilt, und die Zucht wurde neu aufgenommen.

In der Hundezucht gab es manche Erfolge, da leisteten die Buben Erstaunliches. Und wer konnte alle die Scharen von Hühnern, Gänsen, Enten und Tauben zählen? An Arbeit fehlte es nicht, nur durch den tapferen Einsatz aller konnte sie bewältigt werden. Die Kinder waren keine großen Gelehrten, sie waren für die Praxis geschaffen.

Lassen wir, was das innere Neuwerden betrifft, das Bändchen »Drei am Himmelhorn« zu Worte kommen: »Schöner als all dieses muntere Leben und Treiben auf der Farm war das frische Wehen des Geistes Gottes, das unter den Bewohnern des Fallhofes spürbar wurde. Die Eltern waren voller Freude, daß sie die Verbindung mit dem Herrn neu hatten knüpfen dürfen. Wie gern nahmen sie nun wieder die Kinder Gottes in ihrem Hause auf! Es gab köstliche Stunden der Gemeinschaft, in denen die Liebe Jesu beglückend die Herzen verband. Es konnte geschehen, daß die ganze Kinderschar mit einem Besucher zusammen hinkniete und von Herzen zum himmlischen Vater und zu dem Heiland Jesus Christus betete. Manche der Geschwister wurden ein bewußtes Eigentum des Herrn.

Ein großes Ereignis war es, als in Gunzenhausen die erste Zeltevangelisation nach dem Kriege durchgeführt wurde. Die Plätze reichten nicht aus, auf dem Auto von Vater Krebs mußten noch Bänke herbeigeschafft werden. Als bei strömendem Regen das Zelt abgebaut wurde, machte das den eifrigen Helfern, unter denen sich die Kinder des Fallhofes befanden, nicht das geringste aus. Die Stimmung war ausgezeichnet.

Martin, Walter und Richard, die im Lebensalter aufeinander folgten, waren besonders viel zusammen und unzertrennlich – auch in ihrem jugendlichen Einsatz für das Reich Gottes. Sie standen auch ihren Mann, als sie in ihre Lehrstellen einrückten. Wir hörten schon, daß ihre Begabung auf dem praktischen Gebiet lag. Martin lernte Autoschlosser, Walter Installateur, und Richard wurde Maurer. Tapfer enthielten sich alle drei von Alkohol und Nikotin.« Soweit die Auszüge aus dem Bändchen »Drei am Himmelhorn« über das Leben und Treiben und die geistliche Entwicklung in unserer schönen Erdenheimat, dem Fallhof. Zur letzteren ist noch zu erwähnen, daß unsere Jungen im Jugendbund für entschiedenes Christentum eifrig mitmachten.

Ein solcher war in Gunzenhausen von mir im Jahre 1931 gegründet worden. Obwohl ich bis dahin allezeit ein eifriger CVJMer gewesen war, hielt ich diese andere Art der Jugendarbeit für nötig. Die pietistisch-erweckliche Weise, in der wir die CVJM-Arbeit trieben, paßte nicht allen. Wir sollten mehr in die lutherische Kirchengemeinde eingebunden werden. Aus diesen Nöten und Schwierigkeiten heraus schritten wir 1931 zur Gründung eines EC-Bundes für Jungen. Ein Kreis für Mädchen hatte schon länger bestanden.

Wir hatten damals am 22. Januar 1931 die Freude, daß der Bundesdirektor des Deutschen EC-Verbandes, Pfarrer Gustav Schürmann, zu uns nach Gunzenhausen kam. Er predigte über das Wort, das er uns als Leitwort für den neuen Weg und Dienst mitgab: »Ich will dich unterweisen und dir den Weg zeigen, den du wandeln sollst; ich will dich mit meinen Augen leiten« (Ps. 32, 8). Von da an nahmen wir an vielen EC-Tagungen teil, auch in den schwierigen Zeiten des Dritten Reiches.

Als die EC-Arbeit nach 1945 erfreulich aufblühte und Gott manche Jugenderweckung schenkte, waren unsere Kinder in den beiden Gunzenhäuser Gruppen – der männlichen und der weiblichen – aktiv und eifrig dabei.

»Verkaufe alles, was du hast!«

Der Fallhof war wirklich eine Erdenheimat, die wir liebten und in der wir uns wohlfühlten. Aber immer wieder sind Jünger Jesu aus ihrer heimatlichen Geborgenheit herausgerufen worden in ein neues Land, das Gott ihnen zeigte. Auch in mein Herz kam immer mehr das Fragen, ob der Herr nicht noch einen ganz andern Auftrag und Platz für uns haben könnte. Was dann geschah, entnehmen wir wieder – mit Ergänzungen – dem Büchlein »Drei am Himmelhorn«:

»Den Vater Krebs traf in den ersten Monaten des Jahres 1952 während einer Predigt im Diakonissen-Mutterhaus Hensoltshöhe das Wort Jesu: ›Verkaufe alles, was du hast, und folge mir nach!‹ Er stand plötzlich und unausweichlich unter dem Eindruck, daß das damals von Jesus dem reichen Jüngling zugerufene Wort sich an ihn wandte, von ihm die Trennung von dem bisherigen Weg und Beruf verlangte und ihm ein neues Leben ganz im Dienst des Reiches Gottes auftrug.

Diese Gedanken, die sich einfach nicht mehr abschütteln ließen, brachten ihn in viel unruhiges Nachdenken hinein. Wieviel Mühe und Sorge, wieviel Arbeit und Geld war in all den Jahren in den Fallhof gesteckt worden! Wie hatte Hans Krebs nach mancherlei Verlusten durch Tierseuchen den Betrieb immer wieder auf die Höhe führen können! Erst im Januar 1952 hatte er, nachdem ein kostspieliger Umbau der ganzen Fuchsfarm abgeschlossen worden war, zu seiner Frau gesagt: ›Solange wir leben, brauchen wir nichts mehr zu reparieren. Es ist jetzt alles so stabil, daß es für den Rest unserer Tage hält.‹
Und jetzt diese Unruhe! Es wurde viel um Klarheit über den noch verborgenen Willen Gottes gebetet. Eine Zeitlang hatte es den Anschein, als hieße der Befehl: ›Nach Afrika auswandern!‹ Je ein Missionar der Rheinischen und der Hermannsburger Mission schrieben an Vater Krebs, er möchte nach Südwestafrika kommen und dort einen Platz in der Nähe von Windhuk aufbauen helfen, wo Christenmenschen deutscher Abstammung zusammenkom-

men sollten. Ein günstiges Angebot zum Kauf einer Farm traf in Gunzenhausen ein.

Schien nicht Gott die Wege überraschend schnell zu ebnen? Die Fallhofkinder waren Feuer und Flamme von dem Plan. Das mußte doch herrlich sein, durch die afrikanische Steppe zu reiten und auf die Jagd zu gehen! Da gab es noch ganz andere Tiere zu sehen als die, mit denen der Fallhof bevölkert war! Aber so sehr die jugendliche Erlebnis- und Abenteuerlust die Kinder von Afrika träumen ließ – auch sie wollten letztlich nicht ihren eigenen Wünschen folgen, sondern den Weg erkennen und gehen, welcher der Weg Gottes war.

Der Plan mit Afrika zerschlug sich. In stillen Tagen des betenden Nachsinnens auf dem Missionsberg in Bad Liebenzell wurde Vater Krebs die Klarheit geschenkt: ›Nein, nicht im fremden Erdteil ist dein Platz. In deiner Heimat Deutschland hat Gott eine Aufgabe für dich.‹ Aber wie sollte diese denn aussehen?

Immer mehr schob sich der Gedanke in den Vordergrund, ob man nicht ein Freizeitheim eröffnen solle. Die Eltern Krebs waren in den Nachkriegsjahren, als sie aus manchem Irren und inneren Rückgang wieder zur vollen Freude und Entschiedenheit des Lebens mit Jesus zurückfanden, auf Freizeiten sehr gesegnet worden. 10–14 Tage dem beruflichen und geschäftlichen Betrieb des Alltags und der üblichen Arbeit entnommen sein – was konnte das für eine Chance werden, daß Gott zu den Herzen und Gewissen redete!

Aber es fehlte den Leuten vom Fallhof jede Erfahrung und Schulung für diese Aufgabe. Und wie sollte man den wirtschaftlichen Anforderungen eines solchen Unternehmens gewachsen sein? Außerdem hatte Mutter Krebs mit ihrer Kinderschar wahrlich Arbeit genug. Wo sollte sie noch die Zeit und Kraft hernehmen, für die Gäste eines Freizeitheims da zu sein? Von den noch unerfahrenen Kindern konnte nicht viel Hilfe erwartet werden. Aber der Gedanke ließ Hans und Rosa Krebs einfach nicht mehr los, und immer mehr wuchs die Klarheit: Hier liegt der Auftrag Gottes!

Inzwischen war der Herbst 1953 gekommen. Aber immer noch fehlte der sichere Blick für den Platz, wo ein solches Heim entstehen könnte. Einmal hatte es so ausgesehen, als ob am Rande des Kochelsees ein großes freiwerdendes Haus gekauft werden sollte. Aber das hatte sich zerschlagen. Am 6. Dezember rief plötzlich ein Freund von Vater Krebs vom bayerischen CVJM aus Nürnberg an. Es handelte sich um den Landesjugendwart Karl Schmid. Dieser teilte mit, das Touristenheim Vogel in Oberstdorf im Allgäu stehe zum Verkauf an. Es würde sich nach seiner Meinung zu einer Freizeitstätte für die christliche Jugend um - und ausbauen lassen. Er selbst habe dort schon einige Freizeiten durchgeführt.

Zwei Tage später fuhren die Eltern zur Besichtigung nach Oberstdorf, und die Kinder beteten daheim in Gunzenhausen, daß der Wille Gottes klar erkannt würde. Sehr einladend sah das Haus gerade nicht aus, es war noch nicht verputzt und hatte ein düsteres Inneres. Der Pinsel der Anstreicher würde viel Arbeit vorfinden. Trotzdem wurde den Eltern Krebs rasch klar: Das ist die Stätte, die Gott für uns ersehen hat und wo wir in einem Freizeitheim ihm dienen dürfen. Gespannt wartete die Kinderschar auf dem Fallhof auf die Heimkehr der Eltern, mit großer Freude wurde das Ergebnis der Besichtigung begrüßt. Bald war der Kauf getätigt, und alle verfügbaren Hände wurden benötigt, um das Haus für die erste, Neujahr 1954 beginnende Jungmännerfreizeit einigermaßen wohnlich herzurichten.

Als die Buben zum erstenmal in Oberstdorf sich das neue Heim anschauten, waren sie fast noch mehr als vom Haus von den herrlichen Bergen begeistert. Gleich wurde das Nebelhorn als Ziel der ersten Bergtour in Angriff genommen. Einige Übung im Bergsteigen hatten die Jungen schon bei Verwandtenbesuchen am Walchensee erworben.

Nun wurde die Familie Krebs zunächst auseinandergerissen. Die älteste Tochter Elisabeth und Ria, die als angenommene Tochter schon seit Jahren zur Familie gehörte, waren ständig in Oberstdorf und führten das Heim. Vater Krebs pendelte zwischen Oberstdorf und Gunzenhausen hin und her. Die neue Aufgabe erforderte tatkräftigen Einsatz, und der Betrieb in Gunzenhausen lief ja noch weiter, wenn jetzt natürlich auch ernsthaft an den Verkauf gedacht wurde. Wer nur immer auf dem Fallhof abkommen konnte, hielt sich in Oberstdorf auf und half das Haus dort einrichten und verschönern.

Richard war der erste der Brüder, der im Frühjahr 1954 ganz nach Oberstdorf übersiedelte. Er brach seine Maurerlehre in

Gunzenhausen ab und führte sie am neuen Wohnort zu Ende. Martin und Walter blieben bis zur Beendigung ihrer Lehrzeit in der alten Heimat, wenn es für sie auch selbstverständlich war, daß sie in allen Urlaubstagen beim Um- und Ausbau des Freizeitheims mithalfen. Martin siedelte im Frühjahr 1955 und Walter am 1. Oktober 1955 über. Nun waren die drei ganz des Vaters sehr willkommene Helfer.«

Es dauerte aber noch eine ganze Weile, bis die Familie Krebs vollzählig in Oberstdorf beieinander war. Bis der Verkauf des Fallhofes, des Gehöftes und der Tierkörperverwertungsanstalt, endgültig durchgeführt war und man die Pelztierzucht völlig aufgab, war es Weihnachten 1955 geworden. Zum Fest waren alle noch einmal in Gunzenhausen zusammen. Am 30. 1. 1956 fand die Abschiedsfeier statt, und am nächsten Tag brachen die letzten Familienglieder nach Oberstdorf auf. Anläßlich dieses Ereignisses war im »Altmühlboten«, der Zeitung für Gunzenhausen, zu lesen: »Im Kreis seiner leiblichen und geistlichen Geschwister feierte Hans Krebs vom Fallhof am Sonntag Abschied von seiner bisherigen Tätigkeit und Heimat. Eine große Zahl von Freunden und Bekannten war gekommen, um Hans Krebs, dem bekannten Helfer vieler Armen und Bedürftigen wie Bedrängten, den letzten Gruß zu entbieten. Der Genannte übernimmt bekanntlich das von ihm gegründete Freizeitenheim in Oberstdorf.«

Erinnerungen an Karl Schmid

Es wurde schon die erste Jungmännerfreizeit erwähnt, die am Neujahrstag 1954 begann. Sie wurde von demselben Mann geleitet, der mich auf das Haus in Oberstdorf hingewiesen hatte, von meinem Freund Karl Schmid. Eine 38köpfige Jungmännerschar zog ein. Das war der Auftakt von viel frohem und gesegnetem Freizeiterleben. Auch in den folgenden Jahren war Karl Schmid mit seinen Jungen vom bayerischen CVJM immer wieder bei uns, insgesamt 14 mal. Gleich im Februar 1954 kehrte er wieder ein, und dann gehörte ihm bis zum Jahre 1966 jeweils die erste Woche in jedem neuen Jahr.

Ich möchte ihm, der inzwischen in der Herrlichkeit beim Herrn ist, hier ein kleines Denkmal der dankbaren Verbundenheit setzen. Das ist schon darum berechtigt, weil wir durch seinen Wink und Hinweis ja nach Oberstdorf gekommen sind.

Jeder, der Karl Schmid kennenlernte, wird es bezeugen, daß es ihm nur darum ging, von der ersten bis zur letzten Stunde auf einer Freizeit, jungen Menschen den Weg zu Jesus zu zeigen. Auf alle nur denkbare Weise rief und ermutigte er sie, eine klare Entscheidung für den Heiland und Herrn zu treffen. Wenn er das für mein Empfinden manchmal etwas zu massiv und drängerisch tat und ich ihn deswegen freundschaftlich zur Rede stellte, dann lautete seine Entgegnung: »Ich habe diese jungen Menschen nur 6–7 Tage vor mir, und da muß klar und offen gesprochen werden. Keiner soll mich am Jüngsten Tag einmal anklagen können, ich hätte ihm die Wahrheit Gottes nicht deutlich genug gesagt und den Weg zum Leben nicht klar genug gezeigt.«

Oft haben wir miteinander um die Seelen der Jungen im Gebet gerungen. Karl Schmid kannte deren Nöte und Gebundenheiten alle. In den letzten Freizeittagen dauerten die Aussprachen oft bis in die späte Nacht hinein. Nie wurde es unserm Karl zuviel. Froh und glücklich war er jedes Mal, wenn am Zeugnisabend (ohne einen solchen konnte man sich seine Freizeiten gar nicht denken) manche der Teilnehmer bekannten, daß sie ihr junges Leben in die Hände Jesu gegeben hatten. Fast noch größer aber war seine Freude, wenn er einen Jungen sagen hörte: »Es war vor einigen Jahren in Oberstdorf, als Jesus in mein Herz und Leben kam.« Nun war solch ein junger Bursche also schon ein Stück Weg mit dem Heiland gegangen und ihm treu geblieben.

Karl Schmid war nicht fehlerlos. Er besaß neben den göttlichen Gnadengaben auch manche menschlichen Eigenheiten. Er war mit seinen Jungen oft sehr lustig. Aber ganz plötzlich schaltete er dann zum strengen Ernst über. Das konnte nicht jeder gleich so schnell mitvollziehen, und dann konnte unser guter Karl recht ungehalten werden. Seine Methode, kleine und große Tafeln Schokolade als Belohnung auszusetzen, rief nicht nur Freude, sondern auch Zank und Zwietracht hervor. Aber diese und andere menschliche Eigenarten und Verhaltensweisen hoben nicht auf, daß er ein brennendes Herz für Jesus und eine große Liebe zu seinen Jungen hatte und daß es immer entscheidend darum ging, daß sie in die Glaubensgemeinschaft mit Jesus kamen und darin blieben und innerlich wuchsen.

Ein besonderes Erlebnis, das ich zusammen mit Karl Schmid im Jahre 1958 hatte, möchte ich noch herausheben. Am ersten Tag einer großen Freizeit stellte mir Karl einen jungen Mann von etwa 24 Jahren vor und sagte: »Hans, der Fritz hier hat vor fünf Jahren sein Leben bewußt Jesus übergeben, kann aber nie recht froh und glücklich werden, obwohl er schon fünfmal an Freizeiten teilgenommen hat. Was mag nur der Grund sein?«

Wir fragten den Fritz nach dem Glaubensstand seiner Eltern und Großeltern. »Das sind alle ganz fromme Leute« gab er zur Antwort. Dann wollten wir wissen: »Hat vielleicht jemand aus deiner Familie mit okkulten, finsteren Dingen, mit Zaubereisünden, Kartenlegen, Besprechen, Wahrsagerei und dergleichen zu tun gehabt?« Das verneinte er energisch. In der Gebetsgemeinschaft, die ich am Abend mit Karl Schmid hatte, baten wir den Herrn, er möchte doch offenbar werden lassen, warum der Fritz in seinem Glauben nicht froh und frei wurde.

Am nächsten Morgen stand ich gerade an der Treppe, als der Fritz zum Waschraum ging. Da sah ich, daß er ein Amulett um den Hals hängen hatte. Ich forderte ihn auf, in den Aufenthaltsraum zu kommen und holte gleich Karl Schmid dazu. Wir fragten ihn, wo er das Ding her habe und was damit los sei. Die Antwort lautete: »Das hat mir meine Großmutter zur Konfirmation um den Hals gehängt und versichert: ›So lange du das Amulett trägst, kann dir nichts passieren. Du darfst es aber niemals öffnen oder ablegen.‹ Karl Schmid und ich schauten uns an. Wir wußten sofort, was los war; denn wir hatten schon einige ähnliche Fälle in den Jahren vorher erlebt.

Ich riß dem Fritz das Ding sofort vom Hals und sagte ihm: »Ich will dir beweisen, was für eine ›fromme‹ Frau deine Großmutter gewesen ist!« Als ich das Amulett in der Hand hatte, wollte sich der Fritz das nicht gefallen lassen und erst recht nicht erlauben, daß ich es öffnete. Er ging auf mich los und versuchte, es mir zu entwinden. Er würgte mich mehrere Male, und Karl Schmid und ein weiterer Freund hatten Mühe, uns beide auseinander zu kriegen. Als ich dann das Amulett aufmachte, ging der Fritz erneut auf mich los, aber die beiden Brüder drängten ihn zurück. Er gebärdete sich wie ein Besessener und schrie furchtbar. Ich fragte ihn, ob er die Handschrift seiner Großmutter kenne, was er bejahte.

Es befand sich in der Kapsel ein kleiner Zettel, und ich las vor, was darauf stand: »Mit meinem eigenen Blut verschreibe ich dir, Satan, für Zeit und Ewigkeit die Seele des Fritz. Führe du sie durchs Leben und stehe ihr bei!« Und dann folgte die Unterschrift. Als ich diese dem Fritz zeigte, bestätigte er, daß das die Schrift der Großmutter sei. Er wurde ganz blaß, als er erfuhr, daß seine »fromme« Großmutter ihn dem Satan verschrieben hatte. Dann aber fing er wieder an zu toben und wollte das Amulett unbedingt zurückhaben. Er weinte ganz jämmerlich. Er bekam es aber nie wieder in seine Hände.

Drei Tage und drei Nächte hatte der arme Fritz furchtbare Kämpfe. Er traute sich nicht, sich schlafen zu legen, ohne daß er wußte, daß ihn eine Gemeinschaft von Betern umgab. Er ging auch noch einige Male auf mich los und forderte die Kapsel zurück: Er müsse sie unbedingt haben, sonst passiere Fürchterliches mit ihm. Erst nach drei Tagen, die voller Gebetsringen waren, wurde er ruhiger. Nach fünf Tagen erkannte er dann, daß eine schreckliche Sünde und Schuld die Ursache war, daß er so unglücklich und fast schwermütig durch sein Leben gehen mußte. Wir baten den Herrn um Vergebung der schändlichen Sünde, die die Großmutter an ihrem Enkel begangen hatte. Wir baten um

Lösung von den dämonischen Mächten und Bindungen und sagten uns von ihnen los.

Wir durften dann auch die freimachende Kraft des Blutes Jesu erleben. Der Herr wurde Sieger über den Anspruch Satans. Der Fritz erfuhr an seinem Leibe und seiner Seele: »Daß Jesus siegt, bleibt ewig ausgemacht! Der Herr ist gekommen, daß er die Werke des Teufels zerstöre.« Jetzt konnte unser Fritz als ein freier und glücklicher junger Mann nach Hause gehen, und fortan war und blieb er ein froher Zeuge von dem, was die Gnade des Heilandes vermag.

Im Jahre 1966 führte Karl Schmid die letzte Freizeit in unserm Heim durch. Er wollte es noch nicht recht sehen und zugeben, daß seine Kräfte nachließen. Aber ich sah es deutlich, und ich machte ihn auch darauf aufmerksam. Mein Freund und Bruder hatte sich buchstäblich verzehrt im Dienst seines Herrn und Meisters an der Jugend. Er war wie eine Kerze gewesen, die Licht und Wärme gibt und dann erlischt. Bei unserer letzten Gebetsgemeinschaft legte er noch einmal alle die vielen jungen Burschen, die ihm am meisten am Herzen lagen, dem Herrn hin: diejenigen, die einen Anfang mit Jesus gemacht hatten, aber durch die Verführungskünste Satans vom klaren Kurs abgewichen waren. Im nächsten Jahr war Karl Schmid nicht mehr zur Freizeit bei uns, sein Herr hatte ihn heimgerufen.

800 Freizeiten!

Ja, so ist es: Von 1954 an durften wir unser Freizeitheim zur Durchführung von etwa 800 Freizeiten für jung und alt aus den verschiedensten christlichen Kreisen und aus allen Gegenden des Vaterlandes zur Verfügung stellen. Manchmal waren fünf verschiedene Jugendverbände zu gleicher Zeit mit ihren Gruppen im Heim vertreten. Sie gestalteten bisweilen einen Abend gemeinsam, was oft sehr fein war. In den Sommerferien hielten sich manchmal bis zu 200 Personen bei uns auf. Das war natürlich nur bei Doppelbetten und Matratzenlagern möglich. Aber so eng und primitiv mit den heutigen Ansprüchen verglichen es damals bei uns zuging – viele Gäste schwärmten noch nach Jahren davon, wie schön es bei uns gewesen sei.

Hören wir eine Stimme aus jener Anfangszeit! Der, von dem sie stammt, ist jetzt ein wohlbestallter Akademiker: »Noch heute kann man am Gipfel des Freizeitheims am Faltenbach die drei Symbole ›EC‹, ›CVJM‹, ›Kreuz auf der Weltkugel‹, das Zeichen der kirchlichen evangelischen Jugend, sehen. Sie verkörpern den Gedanken, der damals vor allem den Sinn des Hauses ausmachte: Offenheit für alle christlichen Jugendgruppen.

Sechs Jahre nach der Währungsreform von 1948 war es für den durchschnittlichen Jugendlichen kaum möglich, einmal in Urlaub zu fahren. Nun bot sich in Oberstdorf eine Möglichkeit preiswerter Unterkunft für Freizeiten. Eine unzählige Menge junger Leute konnte an Leib und Seele zu sich kommen und in der herrlichen Gebirgswelt in der Gemeinschaft miteinander im Glauben neu beginnen oder gestärkt werden.

Für uns an Wohlstand und Komfort gewöhnte Leute des ausgehenden 20. Jahrhunderts klingen die Berichte aus den fünfziger Jahren romantisch und weisen auf den heute wieder hier und da ›modern‹ werdenden Stil des ›einfachen, alternativen Lebens‹ hin. Mithilfe im Haus war groß geschrieben. Beim gemeinsamen Kartoffelschälen oder Salatwaschen ergaben sich oft heiße Debatten über allerlei Probleme, z.B. die sogenannten ›Mitteldinge‹ (Haarfrisur, Rauchen u.a.). Aber nicht nur darum

ging es, sondern die Gespräche wurden oft viel zentraler: ›Ist Bekehrung und Wiedergeburt nötig?‹
In eisernen Zweistockbetten oder auf Matratzenlagern schlief sich's herrlich, besonders unterm Dach, im sog. ›Hochvogel‹. Und dann die großartige Ankündigung und Aufforderung: ›Es kommen noch zehn Leute! Zusammenrücken!‹ Da wurde es so richtig ›zünftig‹! Dem Schreiber sind vor allem die sehr gut besuchten frohen, ungezwungenen und doch in Glaubensdingen so zentralen Freizeiten des bayerischen Landesjugendwarts Karl Schmid unvergessen. Es haben damals in den Jahren nach dem Zweiten Weltkrieg in der Zeit des Wiederaufbaus und des Strebens nach neuen Existenzgrundlagen viele junge Menschen, die heute zu den mittleren Jahrgängen zählen, in Oberstdorf ›beim Krebs‹ dankbar erfahren dürfen: ›Der Mensch lebt nicht vom Brot allein, sondern von einem jeglichen Wort, das durch den Mund Gottes geht‹ (Matth. 4, 4).«

Unser Freizeitheim wurde sehr schnell bekannt und beliebt wegen der Oberstdorfer Berge und der guten Skimöglichkeiten. Solange unsere drei Buben Martin, Walter und Richard lebten, wurden die Gäste immer mit Posaunenschall geweckt, später nach ihrem tödlichen Absturz durch Singen. Das Gutenacht-Singen war vielen ganz besonders wertvoll. Mancher Gast erzählt heute noch, daß ihn die Lieder, die er da hörte, die ganze Nacht beschäftigt hätten. Etliche sind sogar durch sie zum Glauben an Jesus und zu einem neuen Leben in seiner Gemeinschaft geführt worden. Dieselbe, noch weitreichendere Wirkung haben natürlich die Bibelarbeiten in den Freizeitgruppen und die seelsorgerlichen Einzelgespräche gehabt.

Wir sehen es wahrlich auch nicht als »Schande« an, wenn wir feststellen dürfen, daß viele Ehen sich bei uns angebahnt haben. Eine besondere Freude war es uns, daß vor dem Bau der trennenden Mauer in Berlin viele Jugendliche aus der DDR unsere Gäste sein und kostenlos an Freizeiten teilnehmen konnten. Durch Spenden wurde das ermöglicht. In den späteren Jahren haben wir immer wieder einzelnen älteren Glaubensgeschwistern aus dem andern Teil Deutschlands oder aus andern Ländern des Ostblocks, sowie Missionsleuten, die in Heimaturlaub waren, einen kostenlosen Aufenthalt gewährt.

Ich denke, es langweilt die Leser nicht, wenn ich anhand

unserer alten Gästebücher einmal einen kleinen Einblick davon gebe, wer im Lauf der Zeit alles bei uns eingekehrt ist und was alles bei uns stattgefunden hat. Es handelt sich nur um einen Auszug:

Erholungsfreizeit des Südwestdeutschen EC-Verbandes
Mitarbeiterfreizeit des Heimatlosen-Lagerdienstes
Bibelfreizeit des Bayerischen CVJM
Bibel- und Wanderfreizeit der Berliner Stadtmission
Freizeit der Evang.-Freikirchlichen Jugend Wuppertal-Elberfeld
Evang. Jugend Kamp-Lintfort (Niederrhein)
Evang. Gemeindejugend Mülheim (Ruhr)-Speldorf
Jugendbund für EC Solingen
Jugendfreizeit des Niedersächsischen EC-Verbandes
Skifreizeit des CVJM Erlangen-Memmingen
Jungmännerwerk Frankfurt/Main
Evang. Mädchengruppe St.Ingbert/Saar
Freizeit der Blaukreuz-Jugend
Jugendbund für EC Kiel
CVJM Brackwede bei Bielefeld
Evang. Mädchenkreis Köln-Rath
Jugend der Freien Evang. Gemeinden am Niederrhein
Freizeit des Altpietistischen Gemeinschaftsverbandes (Württemberg)
Freizeit für Jungbergleute des Bergmannsdienstes des Westdeutschen Jungmännerbundes Bez. Herne (Westfalen)
Familienfreizeit des Westdeutschen Jungmännerbundes
Unterprima der Ricarda-Huch-Schule Kiel
Junge Gemeinde Berlin
Schüler-Bibelkreis Wuppertal-Unterbarmen
Ferienerholungsfürsorge der Inneren Mission Baden
Evang. Gemeindejugend aus der Pfalz
Familienfreizeit des Kurhessischen Landesverbandes evang. Jungmännervereine
Semesteranfangsfeier der Evang. Studentengemeinde München
Posaunenfreizeit des Westdeutschen Jungmännerbundes
Jungmännerrüstzeit des Westbundes und des Ostdeutschen Jungmännerwerkes

Mädchen-Bibel-Kreise (MBK) aus Hessen
Jugend für Christus aus den Niederlanden
Jugendgruppen der »Christlichen Versammlung«
Jugend des Württembergischen Brüderbundes
Konfirmandenrüste der Evang.-Luth. Kirchengemeinde Kempten.

Und viele, viele andere kamen. Schon vor unserm endgültigen Umzug waren zwei Erweiterungsbauten am Freizeitheim nötig gewesen und eine Warmwasserheizung eingebaut worden. Greifen wir noch einmal zu dem Büchlein »Drei am Himmelhorn« und lassen wir uns schildern, wie alles damals so lief:

»Ständig gab es neue Aufgaben. Das Haus sollte doch den vielen Gästen, die herbeiströmten, eine schöne Bleibe bieten. Wie gut, daß man bei den vielen anfallenden Arbeiten wenig auf fremde Kräfte angewiesen war, daß vielmehr die eigenen Kinder so fröhlich zupackten! Immer gab es zu verputzen und zu tünchen. Dann mußten wieder Fliesen gelegt werden. Bei dieser Beschäftigung waren die drei Buben Martin, Richard und Walter mit besonderer Begeisterung dabei. Das machte ihnen so viel Freude, daß sie manchmal sagten: ›Wenn wir nicht den Ruf in die Mission hätten (diesen hatte Gott inzwischen in ihr Herz gelegt), dann möchten wir am liebsten ein Plattenlegergeschäft anfangen.‹ Die Brüder legten sich aber nicht nur selber unverdrossen ins Geschirr, sondern sie hatten auch die schöne und wertvolle Gabe, unter den Freizeitteilnehmern Helfer zu entdecken und diese an die Arbeit zu stellen. Sie gaben sich jedoch nicht nur kräftiger Männerarbeit hin, sondern sie packten auch bei solchen Aufgaben zu, die eigentlich in den Wirkungsbereich der Mädchen gehörten. Sie griffen zum Scheuertuch und wischten das ganze Haus herunter. Sie versagten auch nicht in der eigentlichen Küchenarbeit. Manchmal mußten in aller Eile 400–800 Butterbrote bestrichen und belegt werden, wenn sich eine Freizeitschar ganz plötzlich zu einem Tagesausflug entschloß. Diese Aufgabe lösten dann die Mädchen und die drei Buben gemeinsam.«

Jetzt sollen noch drei Berichte folgen vom inneren Erleben auf den Freizeiten. Natürlich gab es auch Ablehnung und Widerstand unter den Teilnehmern. Manche verhärteten sich und kehrten als die alten oder noch ablehnender zurück. Aber viele ließen sich von dem Ruf Christi treffen und wurden seine Nachfolger.

Manchmal geschahen auch seltsame Dinge, die halfen, Offenheit und Bereitschaft für das Wirken Gottes zu schaffen.

Der erste Bericht: 35 junge Männer einer Freizeitgruppe wußten bei Regenwetter nicht recht, was sie tun sollten. Sie legten sich auf ihre aufgestockten Betten und stießen mit den Füßen die Decke, die aus Dämmplatten bestand, durch. Einer von ihnen wollte dann wissen, was wohl in dem Hohlraum hinter der Decke Interessantes sich verberge. Er steckte den Kopf in das entstandene Loch hinein. Da zogen ihm die Kameraden schnell das Bett weg, so daß der Neugierige in der Dämmplattendecke hängenblieb, weil sich die durchbrochene Decke wieder schloß.

Die Burschen hatten ihren Spaß an dem seltsamen Bild und kamen zu mir: »Hausvater, wenn Sie einen Aufgehängten sehen wollen, kommen Sie schnell herauf!« Es wurde von unsern Freizeitlern ja mancherlei Unsinn gemacht, der einen nicht weiter aufzuregen brauchte, der einfach dazu gehört, wo junge Menschen zusammen sind. Aber ich rannte doch schnell hinauf. An der Decke des Mehrbettzimmers hing tatsächlich ein Achtzehnjähriger und rührte sich nicht mehr.

Sofort schob ich das Doppelbett wieder hin und riß die Decke ganz auf. Nun lag der Junge leblos auf dem Bett. Wir legten ihn dann auf den Boden. Es wurde nach einem Arzt gerufen. Aber so schnell, wie hier gehandelt werden mußte, konnte keiner zur Stelle sein. Ich kniete mich darum über den Leblosen und versuchte, durch allerlei Atemübungen ihn wieder ins Leben zurückzurufen. Durch Mund zu Mund-Beatmung kam er erst nach etwa 40 Minuten wieder zu sich. Jetzt erschien auch der Leiter der Freizeit mit einem Arzt, und dieser konnte nur sein ganz großes Erstaunen ausdrücken, daß jemand nach so langer Zeit ins Leben zurückgefunden hatte und daß die Sache so glimpflich abgelaufen war. Wir aber rühmten das Wunder Gottes, das so sichtbar vor unsern Augen geschehen war. Die Teilnehmer waren von dem Erleben tief berührt, und die Gnade Gottes gewann etliche zur Beute.

Zwei andere unserer Gäste wollen wir selber in kurzen Worten berichten lassen, was an ihnen geschah. Der eine: »In dieser Freizeit habe ich erfahren, daß der Herr Jesus Christus mich gerufen hat. Ich kann nur sagen, daß es ein großes Geschenk ist, daß ich zu ihm ins Boot steigen konnte. Ich weiß, daß er meine

Schuld auf Golgatha getragen hat und mich von allem frei gemacht hat. Ich brauche nicht mehr zurückzuschauen, keine Angst zu haben. Ich danke dem Herrn Jesus, daß er mich bei meinem Namen gerufen hat und daß ich sein eigen sein darf. Es hat mich getroffen wie ein Blitz.«

Und der andere, der aus der DDR zu uns gekommen war: »Als Sie mit mir nach der ersten Mahlzeit am Tische saßen, fragte ich Sie nach der Bedeutung des an der Wand eingerahmten Spruches: ›Bist du bereit, deinem Gott zu begegnen?‹ Sie sagten mir damals, daß dieser Spruch in erster Linie für Ihre Buben bestimmt gewesen sei. Dieser Spruch hat mich häufig während meines Aufenthalts in Oberstdorf so angeredet, daß ich des Abends vor dem Einschlafen an ihn und seine Bedeutung denken mußte.

Heute nun, da ich das gesamte Erlebnis ›Oberstdorf‹ in seiner Wirkung auf mich erkannt habe, möchte ich Ihnen, lieber Herr Krebs, schreiben, daß mir Gott in Ihrem Haus begegnet ist. Es waren die einfachen und schlichten Gebete Ihrer Frau bei den Hausandachten, die mir zu der Erkenntnis verhalfen, daß ein Leben in dieser Welt nur dann richtig geführt werden kann, wenn man sich dem Herrn in allen Stücken anvertraut und beständig im Gebet und bei Gottes Wort bleibt. Daß ich dieses in Ihrem Heim erfahren durfte, macht mich Gott und Ihnen gegenüber sehr dankbar.«

Die geschilderte Art Freizeitbetrieb dauerte bis zu den Jahren 1965/66. Dann entdeckte die christliche Jugend immer mehr das Ausland und verlegte ihre Freizeiten dorthin. Bei uns wurden es immer weniger. Wir mußten die großen Räume in kleinere einteilen und mit Waschbecken versehen. Vorher hatten sich alle in großen Waschräumen gewaschen. »Alles hat seine Zeit«, sagt der Prediger Salomo. Das erfuhren wir nun auch. »Kaufet die Zeit aus!« So heißt eine Mahnung des Apostels Paulus, und diese haben wir in unserm Freizeitheim am Faltenbach die Jahre hindurch beherzigt und zu praktizieren gesucht. Jetzt finden noch etwa vier Jugendfreizeiten während eines Jahres statt. Aber das Wort Gottes wird noch immer reichlich bei uns verkündigt: in Familienfreizeiten und vor Einzelgästen.

Familien-Erlebnisse

Im Jahre 1956 gab es »Familienzuwachs« durch zwei Waisenkinder, die ich aus Kiel mitbrachte. Ich hatte eine Reise in diese Stadt an der Ostsee zu machen und bekam Verbindung mit einem Waisenhaus dort. Ich bekam Einblick in die Not der vielen elternlosen Kinder. Gleich legte sich die Frage auf meine Seele, ob ich nicht eins oder zwei solcher armen Geschöpfe an Kindesstatt annehmen und erziehen solle. Aber dann dachte ich: »Was wird wohl meine Frau dazu sagen? Denn an ihr wird der größte Teil der Arbeit hängen, und so ganz jung ist sie ja auch nicht mehr.« Die Pflegetochter Ria und der Sohn Martin hatten mich auf der Reise begleitet. Zu ihnen sagte ich: »Sollen wir nicht einmal die Mutter anrufen, was sie von der Sache hält?«

Die originelle Erwiderung lautete: »Die Mutter wird höchstens sagen: ›Dieses Telefongespräch hättest du dir sparen können, denn du weißt ja, daß ich immer damit einverstanden bin, wo du einen Auftrag Gottes siehst.‹ Vater, du hast doch schon manche Entscheidung getroffen, ohne vorher die Mutter zu fragen. Und sie war immer einverstanden. Übrigens hat sie selber vor einiger Zeit ein Kind annehmen wollen und ist deswegen sogar nach München gefahren. Die Sache hat sich damals aber zerschlagen.« Daraufhin unterblieb das Telefongespräch von Kiel nach Oberstdorf.

Bei der Ankunft daheim wurde von mir kein Blumenstrauß überreicht, sondern es wurden die sechsjährige Anita und der fünfjährige Manfred, die schon eingeschlafen waren, aus dem Auto gehoben und ins Haus gebracht. Die Reaktion war bei allen erstaunte und zustimmende Freude. Die beiden Kleinen wurden mit viel Liebe in die Familie aufgenommen.

Das geschah im März 1956. Vorher, 1949, hatte der 11jährige Uli, ein Waisenkind aus der Verwandtschaft in der DDR, bei uns eine neue Heimat gefunden. Seine Mutter war 1945 beim Fliegerangriff auf Stuttgart ums Leben gekommen, und sein Vater in Freiberg/Sachsen gestorben.

Ende April 1956 war ich dabei, die Decke im Aufenthaltsraum

zu tünchen. Da trat ein Leistenbruch hervor, der die Bauchdecke aufriß. Ein anderer Bruch an der linken Seite war schon etwa 30 Jahre alt. Der neue Bruch verursachte große Schmerzen. Aber ich meinte, die Sache würde sich wieder beruhigen. Acht Tage später fuhr ich mit meiner Frau zu einer Gaststättenausstellung nach München. In der Theresienklinik besuchte ich einen mir gut bekannten Oberstdorfer Baumeister. Dieser sagte mir: »Krebs, wenn du einmal operiert werden mußt, dann gehst du am besten auch zu dem Professor hier, das ist ein Kerl wie du, der betet auch wegen jeder Kleinigkeit.« Es handelte sich um einen Schüler und Mitarbeiter des bekannten Chirurgen Professor Sauerbruch.

Als ich mit meiner Frau durch die Ausstellungshallen ging, wurde mir einige Male sehr übel, und ich mußte mich setzen. Es brannte an dem neu aufgerissenen Bruch, als sei dort alles entzündet. Bei einem Bruch kann keiner wissen, wann er weiter reißt oder sich einklemmt und dann eine Entzündung eintritt.

Nach vorhergehender Vereinbarung ließ ich mich gegen 13 Uhr von dem berühmten und frommen Professor untersuchen. Ich erzählte ihm von dem Brennen und Zucken. Er konnte aber nichts festellen und lachte mich aus. Er bestritt rundweg meine Behauptung. Ich fragte ihn, ob ich mit einer Operation des Bruches wohl bis zum Herbst warten könne. Jetzt habe gerade die Hauptsaison im Freizeitheim begonnen, und da könne ich schlecht abkommen. Darauf meinte der Professor: »Bei einem Bruch kann man gar nicht sagen, wie es mit ihm weitergeht, wann er wieder reißt. Jetzt sind Sie hier und können sich Ihren ›Metzger‹ (Arzt) selber aussuchen.«

Ich kehrte dann mit meiner Frau in die Ausstellung zurück. Dort wurde es mir aber wieder einige Male sehr übel, und ich entschloß mich, gleich in München zu bleiben, wenn in der Klinik ein Platz frei wäre.

Das war tatsächlich der Fall; denn am Morgen war gerade ein Patient entlassen worden. In meiner Ahnungslosigkeit meinte ich, daß ich gleich am nächsten Tage operiert werden könne. Ich mußte aber noch fünf Tage warten, weil vorher noch vier gründliche Untersuchungen stattfanden, die feststellen sollten, ob nirgendwo ein Eiterherd zu finden sei. Es wurde aber nichts entdeckt.

Endlich lag ich an einem Montagmorgen um 7.30 Uhr auf dem

Operationstisch. Ich wurde nicht völlig narkotisiert, sondern nur am Bauch bis zum Oberschenkel vereist. Ich spürte keinerlei Schmerzen und konnte den ganzen Vorgang beobachten. Zuerst kam der linke Bruch dran, der sehr verwachsen war und bei der Operation sehr viel Mühe bereitete. Dann ging es an den Bruch auf der rechten Seite, der mir die vielen Schmerzen verursacht hatte. Ich war sehr gespannt, was da wohl ›herauskommen‹ würde.

Da! Die Schwestern und Hilfsärzte hatten es auf einmal sehr eilig. Und der Professor wurde ganz bleich und erschrocken. Denn es kam zum Vorschein, was ich insgeheim befürchtet hatte: Der ganze Bauch war voll Eiter und Blut, und es spritzte nur so heraus. Ich hörte den Professor sagen: »Was muß der Mann für Schmerzen ausgehalten haben!« Und weiter: »Daß mir das passieren muß! Es war doch bei den Untersuchungen nichts davon festzustellen!« Ich vernahm die Wortfetzen: »Schnell!« und »Sauber – sauber!«

Die Schwestern trugen eine Schale mit Blut und Eiter nach der andern fort, und auf dem Fußboden hatte sich eine große Lache gebildet. Ich konnte alles mit klarem Verstand beobachten. Die Operation dauerte insgesamt vier Stunden, bis 11.30 Uhr. Die andern für diesen Vormittag noch vorgesehenen Operationen konnten nicht mehr stattfinden.

Ich war die ganze Zeit innerlich voll Ruhe und Gelassenheit. Denn als alles zur Operation hergerichtet war und der Assistenzarzt das dem Professor meldete, sah ich, wie dieser in seinem Zimmer neben dem Operationssaal hinkniete und betete. Als er vor mir stand, tat er das noch einmal im Beisein der Schwestern und der beiden Assistenzärzte. Bevor er das Messer in die Hand nahm, hörte ich ihn noch sagen: »Und nun, Herr, führe du das Messer!« Da war ich geborgen und fühlte mich in sicherer Hand.

Kurz vor 12 Uhr wurde ich auf mein Zimmer gebracht. Mein Mitbewohner meinte: »Was haben die bloß mit dir solange gemacht?« Ich erzählte ihm alles, was ich gesehen und daß ich keine Schmerzen verspürt hatte. Am Abend erschien der Professor mit einem der Ärzte zur Visite. Er schaute sich aber nur meinen Zimmergefährten näher an. Beim Hinausgehen drehte er sich dann zu uns beiden um und sagte: »Gute Nacht!« Dabei erschrak er und kam auf mich losgestürmt. Er riß das Bett hoch und fragte: »Was ist mit Ihnen, haben Sie Schmerzen?« Ich gab zur Antwort: »Nein, bloß beißt alles so seltsam.« Ich dachte, das käme von dem »Gift« bei der Betäubung her. Ich hörte, wie der Professor seinen Assistenzarzt auf dem Flur anschrie: »Was haben Sie da gemacht?« Es folgte ein heftiger Wortwechsel.

Darauf kam der Professor mit einer Spritze und einer Schere zu mir. Er schnitt den Schlafanzug auf; denn mein Körper und meine Füße waren so angeschwollen, daß sie keinen Platz mehr darin hatten. Mein Zimmerkamerad brachte mir einen Spiegel, und ich sah, daß mein Kopf viel größer war als gewöhnlich. Der Professor erschien in der Nacht mindestens sechsmal und versuchte, mich durch verschiedene Spritzen zu retten, was ihm auch durch Gottes Gnade gelang.

Drei Wochen lang mußte ich dann jede Stunde eingepudert werden und im »Puderbett« liegen. Auf diese Weise sollte das Gift aus dem Körper herausgeholt werden. Was eigentlich geschehen war, erfuhr ich erst hinterher: Der Assistenzarzt, der mich vereiste (örtlich betäubte), hatte seine Spritze von 20 Kubikzentimetern zu tief gestochen, so daß eine schwere Hodenvergiftung die Folge war, was normalerweise zum Tode führt. Nur dank der Gnade Gottes und durch den unermüdlichen Einsatz des alten Professors, den Gott segnete, wurde ich gerettet.

Am 31. Mai durfte mich meine liebe Frau mit nach Hause nehmen. Als wir daheim ankamen, bat ich, daß man mir ein warmes Kamillenbad machen möchte, damit der angeklebte Puder sich lösen und der neue eine bessere Wirksamkeit entfalten könnte. Meine Frau wollte es besonders gut machen und mischte etwas von dem Desinfektionsmittel Sagrotan bei. Zunächst war mir nach dem Bad sehr wohl, aber nach zwei Stunden bekam ich in der Nacht einen schweren Herzanfall; das Sagrotan bewirkte das Gegenteil von dem Erhofften.

Der herbeigerufene Arzt gab mir allerlei Herzspritzen und ließ mich nochmals mit reinem Kamillenwasser abwaschen. Wieder ging es mir sehr gut. Aber am 1. Juni morgens gegen 5 oder 6 Uhr bekam ich wieder einen starken Herzanfall. Dr. Wolf, der mich behandelnde Arzt, gab sich alle Mühe, mein Leben zu retten. Aber schon gegen 8 Uhr gab er eigentlich keinen Pfennig mehr um mich; denn die Spritzen wirkten nicht mehr. Er blieb fast den ganzen Tag bei mir.

Abends gegen 17.30 Uhr meinte er: »Jetzt ist es völlig aus.« Um 18.05 Uhr stellte er zusammen mit der Krankenschwester meinen klinischen Tod fest. Kurz vor 18.30 Uhr richtete ich mich jedoch auf. Der Arzt meinte, das seien die letzten Lebenszuckungen. Aber ich durfte ihm sagen, daß Gott mich durch ein Wunder gerettet hätte. Meine liebe Frau und meine Kinder hatten mich aus dem Rachen des Todes herausgebetet. Nach einigen Tagen durfte ich aufstehen. Auch Dr. Wolf konnte das Geschehen nur als ein Wunder ansehen. Ich erhielt von meinem Herrn eine weitere Gnadenzeit, die immer noch andauert.

Abgestürzt und doch in Gottes Hand geblieben!

So bedeutsam für unser Glaubens- und Familienleben die geschilderten Erlebnisse des Jahres 1956 waren – das einschneidendste Ereignis stand noch bevor: der Bergtod der drei geliebten Söhne Martin, Walter und Richard. Darüber lassen wir noch einmal das Büchlein »Drei am Himmelhorn« reden:

»Im August 1956 war wieder viel munterer Freizeitandrang in allen Räumen des Heims. Die drei Jungen waren in den letzten Tagen des Monats mit Verputzarbeiten am zweiten Anbau beschäftigt. Am Samstag, dem 1. September, waren sie besonders eifrig und legten erst gegen 21.30 Uhr die Werkzeuge aus der Hand. Richard sagte zur Mutter: ›Am Montag geht es dann an den Spritzverwurf, da hört ihr nur noch das Rieseln der Kieselsteinchen, die davonspringen.‹ Wer ahnte an diesem Abend, daß die drei am Montag schon in der Ewigkeit sein würden?

Für den Sonntag – 2. September 1956 – war eine Bergtour zum Himmelhorn geplant. Um 6 Uhr war Aufbruch. Vorher lasen die Jungen noch den Abschnitt, der für den Tag in der Bibellese des Jugendbundes für entschiedenes Christentum, den »Lichtstrahlen«, angegeben war. Der Text stand in der Offenbarung Johannes Kap. 7, 9–17. Es sind Verse, die in die Ewigkeit hinausschauen und von der Schar handeln, die niemand zählen kann, die am Throne Gottes steht und die keine Tränen und keinen Tod mehr kennt. Ja, in solche Fernen lebendiger Glaubenshoffnung schauten die drei jungen Bergsteiger am letzten Morgen ihres Lebens, in der letzten Morgenwache, die sie miteinander hielten.

Vorher war es öfter geschehen, daß meine drei Söhne, wenn ich sie wecken wollte, schon vor ihren Betten knieten. Dann brachten sie unsere Gäste und all das Freizeitgeschehen im Gebet vor den Thron Gottes. Der Kunstmaler Bauer aus Stuttgart, ein alter erfahrener Bergsteiger, schloß sich mit einem Nachbarsjungen den dreien an. Auch sein Ziel war das Himmelhorn. Er wollte den normalen Bergsteigerpfad benutzen, während die drei Buben über den Rädlergrat den Gipfel erreichen wollten. Das ist ein mühsamerer und gefährlicherer Aufstieg. Sie hatten diesen ihren Plan den Eltern nicht mitgeteilt, sie wollten sie nämlich am Abend überraschen und mit der frohen Nachricht ins Haus stürzen: ›Wir haben den Rädlergrat bezwungen! Nun werden die Männer der Bergwacht uns bald anerkennen und uns bei ihren schwierigen Einsätzen mithelfen lassen.‹

Die Bergwacht ist ein Hilfstrupp von Männern, die Menschen aus Bergnot und Lawinengefahr retten und bergen wollen. Unsere drei waren schon einige Male bei leichteren Aktionen dabei gewesen, für schwierigere Unternehmungen fehlte ihnen noch einiges an Berg- und Klettererfahrung. Darum lockte sie der Rädlergrat; denn wer den bezwungen hatte, der galt als guter Kletterer. Es war also nicht nur der jugendliche Drang zum Außergewöhnlichen und Abenteuerlichen, der die Brüder Krebs in die Berge trieb, es war vor allem ihre Bereitschaft zu helfen, wo Menschen in Not und Gefahr waren.

Auf dem Gipfel des Himmelhorns wollten sich die beiden Gruppen gegen Mittag begegnen. Als Kunstmaler Bauer mit seinem Begleiter oben ankam, hoffte er, die Brüder anzutreffen. Sie waren nicht da. Das erschien zunächst nicht weiter beunruhigend. Irgendein Hindernis konnte sie aufgehalten haben. Vielleicht hatte der Sprühregen, der gegen 10 Uhr einsetzte, sie bewogen, ihren Plan aufzugeben und heimzukehren. Als Bauer und sein Begleiter gegen 18.30 Uhr ins Freizeitheim zurückkehrten und dort von den dreien nichts zu sehen war, wurde die Sache doch langsam rätselhaft. Vater Krebs war gerade dabei, Bibelstellen auszusuchen, die von den verschiedenen Stufen der Freude im Christenleben handeln. 120 jungen Männern wollte er den weiten Bereich der Christenfreude entfalten, die anhebt mit dem Jubel über die Vergebung der Schuld und die sich vollendet in der Anbetung am Throne Gottes in seinem ewigen Reich.

Freude im Christenleben! Wird sie ausgelöscht durch das Leid, das mit Sturmesgewalt daherfahren kann? Es ist die gewaltige Erfahrung, die Vater und Mutter Krebs weitergeben können, daß das Leid eine furchtbare Not und Anfechtung sein kann für die Leute Gottes, daß es aber eine Kraft, einen Trost und ein Licht gibt, die hart geschlagene Menschen aufrichten, so daß sie weiterwandern können.

Ja, ganz großes Leid kam über die Familie Krebs. Die Männer

der Bergwacht, vom Vater alarmiert, zogen mit ihm in die Nacht hinaus. Sie riefen gegen die Berge, sie leuchteten die Hänge ab. Immer noch hoffte man, die drei Buben hingen irgendwo in einer Felswand, und es würde ein Echo oder ein Hilferuf zu hören sein. Nichts! Totenstille nach jedem Ruf!

Vater Krebs bezeugt: ›Es war eine der schlimmsten Nächte meines Lebens.‹ Immer stand quälend die Frage vor ihm: ›Wo liegen wohl meine Buben in grauenhaften Schmerzen?‹ Nach Mitternacht mußte wegen starken Nebels die Suche zunächst aufgegeben werden. Am nächsten Morgen ging sie mit insgesamt zwölf Männern von der Bergwacht verstärkt weiter. Qualvoll waren die Augenblicke des ungewissen Wartens. Dann stiegen zwei rote Leuchtkugeln auf und kündeten: zwei tote Bergsteiger gefunden! Nun richtete sich die Hoffnung des Vaters, der unten am Fuß des Himmelhorns die Rettungsarbeiten verfolgte, auf den letzten der Jungen, von dessen Schicksal noch keine Meldung vorlag. Sollte ihm doch einer – und welcher war es – erhalten bleiben? Von der Morgenfrühe bis in den Nachmittag währte das bange Harren. Die Mutter mußte derweilen im Freizeitheim scheidende Gäste verabschieden und neue Besucher, die zu einer Familienfreizeit anreisten, empfangen. Und das mit diesem wehen, verwundeten Herzen!

Um 16 Uhr war dann das letzte Fünklein Hoffnung erloschen, daß noch einer der drei – wenn auch vielleicht schwer verletzt und ganz zerschunden – gerettet zu Tal gebracht würde. Alle drei waren tot! Abgestürzt an der 200 bis 300 Meter hohen Wand des Rädlergrats!

Über den Hergang des Unglücks gibt es begründete Vermutungen, die folgendes annehmen: Einer der Brüder ist abgerutscht und hat die beiden andern, die mit ihm durch ein Kletterseil verbunden waren, mit in die Tiefe gerissen. Vielleicht war der Fels vom Regen noch feucht. Vielleicht hat sich ein Grasbüschel gelockert, so daß der feste Halt verlorenging. Das muß in einem ganz unerwarteten Augenblick geschehen sein. Aufnahmen, welche die drei kurz vor dem Absturz gemacht haben, lassen erkennen, daß sie die eigentlich schwierigen Partien des Aufstiegs schon hinter sich hatten und darum auch nicht mehr so gesichert waren. (Das Klettern am Rädlergrat ist wirklich alles andere als ein leichtfertiges Spiel mit der Gefahr. Viele Oberstdorfer Bergsteiger, Männer und auch Mädchen, haben diese Bergtour schon fünfzehn- oder gar zwanzigmal gemacht. Nie ist ihnen etwas passiert.)

Ja, so ähnlich wird man den Hergang des Unglücks vermuten müssen. Was aber nicht vermutet werden muß, sondern was den Eltern in ihrem tiefen Leid ganz gewiß und groß geworden ist, das ist der Trost: ›Unsere Jungen sind in der Hand ihres Heilandes geblieben, dem sie früh ihr Leben anvertrauten, und sie werden für alle Ewigkeit bei ihm leben und ihn loben. Wir aber haben durch ihren Tod einen starken Magnet in der Herrlichkeit bekommen und freuen uns auf das Wiedersehen mit ihnen bei Jesus im Licht.‹ Solche Gewißheit spricht aus dem Grabstein den Betrachter an. Man liest dort: ›Abgestürzt am 2. 9. 56 und blieben doch in Gottes Hand.‹

Das erschütternde Geschehen am Himmelhorn hat nicht nur bei den Eltern die Frage geweckt: Warum ließ Gott das geschehen? Warum mußten diese drei prachtvollen jungen Christen, die so tapfere Bekenner ihres Herrn waren und von denen zwei sich auf den vollzeitlichen Dienst im Reich Gottes rüsteten, so früh und so tragisch umkommen? Wer kann auf solche Fragen auf dieser Erde die wahrhaft befreiende, durchschlagende, alle Rätsel lösende Antwort geben? Diese wird an dem Tage erfolgen, von dem unser Herr Jesus gesagt hat: ›An dem Tage werdet ihr mich nichts mehr fragen.‹ Aber in *den* Trost haben sich die Eltern Krebs hineinbergen können, und in *der* Gewißheit sind die vielen, die mit ihnen geweint und Leid getragen haben, stille geworden: Gott macht keine Fehler. Sein Arm war am 2. September 1956 nicht zu kurz und zu schwach. Er hat die gehalten und sich nicht nehmen lassen, die 300 Meter in die tödliche Tiefe stürzten.

Hören wir Hans Krebs: ›Wir haben nicht gefragt: »Warum hat Gott dieses erschütternde Geschehen zugelassen?« Sondern unser Fragen lautete: »Wozu ist solches geschehen?« Und wiederholt haben wir es erfahren: Zur Rettung anderer Menschen.‹ Ein besonderes Geschenk war es der Familie Krebs, daß der Fotoapparat geborgen werden konnte, den die drei bei ihrem letzten Aufstieg in die Berge bei sich trugen. 32 sehr schöne Farbaufnahmen waren der Ertrag dieser letzten Tour und der vorhergehenden. Vater Krebs hat sie bis heute unermüdlich gezeigt auf den Freizeiten bei den Besuchern und Gästen, aber auch bei vielen

Reisen durch ganz Deutschland. Er meint, es sei wohl 1000mal und mehr geschehen. Immer und überall hat er Zuhörer und Zuschauer gehabt, die den Bildern und den Worten wie gebannt lauschten und denen sich die Frage ins Gewissen bohrte: ›Und ihr, wenn ihr jetzt stürbet, wo würdet ihr eure Ewigkeit zubringen?‹ Vater und Mutter Krebs haben es immer wieder erfahren, wie Menschen, als sie von den ›Drei am Himmelhorn‹ hörten und sahen, vom Ernst der Ewigkeit angefaßt und bereit wurden, jetzt ihrem Gott zu begegnen. Dann ahnten die beiden etwas von dem geheimen Sinn solcher Wege Gottes, die wie schwere und dunkle Rätsel auf die Menschen stürzen. Dann staunten sie still und dankbar, daß aus großem Verlust und tiefem Leid eine Frucht erwächst Gott zur Ehre und Menschen zum Segen und Gewinn.«

Ich muß aufhören, aus dem Büchlein meines Freundes Arno Pagel »Drei am Himmelhorn« zu zitieren. Ich habe nur wenige Auszüge gebracht. Ich möchte noch einmal die Lektüre des ganzen Büchleins empfehlen. Es ist darin noch vieles zu erfahren aus dem Leben und Treiben in unserm Freizeitheim, vom Werden und Wachsen unserer drei abgestürzten Buben – auch und gerade im geistlichen Bereich – und von mancherlei Segen, der aus ihrem frühen und rätselhaften Sterben erwachsen ist.

Gottes Trost für ein leidvolles Mutterherz

Den Bericht von dieser dunklen schweren Gottesführung in unserm Leben will ich damit abschließen, daß ich Zeilen wiedergebe, die meine Frau nach dem Unglück geschrieben hat:

»Nun war es an uns, ein Zeugnis für Jesus zu sein, und ich betete viel, daß ich meinem Herrn keine Schande machte. Am wohlsten war's mir unter Gottes Wort. Ich dachte mir: Jesus reicht uns eine Hand, und die andere hat er in der Ewigkeit bei der oberen Schar. So sind wir verbunden miteinander in Jesus. Doch ist Jesus die Hauptsache! ›Jesus und‹. . . darf es nicht heißen, sondern nur ›Jesus allein!‹

Ach, es war nicht leicht: nicht sehen und doch glauben. Aber durch Gottes Gnade und in seiner Kraft konnten wir den andern Menschen ein Zeugnis sein. Soll ich nicht von dem Trost in unserm großen Leid etwas erzählen? Es ist mir wohl heilig, aber vielleicht hilft es manchem, der in ähnlichem Leid steht. Denn nur der kann recht trösten, der selbst durch den Schmerz hindurchgegangen ist und sich von Gott hat trösten lassen. Der Heilige Geist heißt auch der ›Tröster‹. So wichtig ist bei Gott das Trostamt, daß er den Heiligen Geist damit beauftragt hat. Lob und Dank sei ihm, daß er sein Amt so treulich bei uns ausgerichtet hat!

Es war ja zuerst, als ob meterhoch das Wasser über uns hinwegginge. Da waren die Fragen: ›Liegt die Schuld bei den Buben, ist sie bei uns? Sind wir nicht genug im Gebet für sie eingestanden? Wir wußten nicht, daß sie die schwierigere Grat-klettertour vorhatten.‹ Ach, waren sie vielleicht selbstsicher oder siegesbewußt? Wer kann das sagen? Aber wenn Gott immer so strafen würde, wer lebte dann noch? –

Nein, Gott ist allmächtig. Er hätte tausend Möglichkeiten gehabt, das Unglück zu verhindern oder die drei zu retten. Aber er wollte es eben so, wer kann ihm wehren? Oder wer darf sagen: Was machst du?

Wir hatten oft ein Lied gesungen ›Zarte Liebe von dem

Herrn‹ . . . Ja, warum mußte Gott mit uns so hart sein? Liebe Geschwister sagten zu uns: ›Der Herr hat viel Vertrauen zu euch, sonst könnte er euch nicht so etwas zumuten.‹

Eine köstliche Erquickung war es, daß, wie auf einen Ruf von oben, Tausende von Gläubigen aus allen Richtungen, einsam und gemeinsam, zur Fürbitte für uns bewegt wurden. Wir waren erstaunt, daß es eine solche ›Gemeinschaft der Heiligen‹ gibt. Wie viele Hunderte schrieben uns die innigsten und mitfühlendsten Worte!

Doch hätten wir es nicht ausgehalten ohne den Trost: ›Sie sind vorausgegangen, wir dürfen nachkommen.‹ Wir sind schon auf dem Heimweg, und wenn uns der Vater sein Trostwort gibt, wie etwa in dem Vers ›In des Hirten Arm und Schoß: Amen! ja mein Glück ist groß!‹ – so gibt er es nicht, wie man einem Kind ein Bonbon gibt, daß es ein wenig über seinen Kummer hinwegkommt. Sondern bei einem göttlichen Trostwort greifen die Wurzeln unserer Seele immer wieder ein Stückchen tiefer.

Ich habe gelesen, daß ein sterbender Missionar schrieb: ›Herr, wenn du statt meines Dienstes mich selbst willst, so geschehe dein Wille!‹ – Liebe Geschwister sagten uns: ›Wir sind uns alle nur geliehen.‹ Jemand ließ uns wissen, daß ein todkranker Bruder seine weinende Frau mit den Worten tröstete: ›Du weißt doch, daß ich mit aller Schwachheit dem Herrn gedient habe, mit allem, was ich hatte und konnte. Gönne es mir doch, heimzugehen in die Herrlichkeit!‹

Ja, ich gönne es meinen drei Buben sehr, daß sie nun zur oberen Schar gehören. Doch da merkt man so recht die Zwiespältigkeit des menschlichen Herzens. Alles, was Gott seit unserer Bekehrung in uns vom himmlischen Leben hineinlegen konnte, das sagt: ›Herr, du machst keine Fehler, und ich danke dir auch für alles Leid.‹ Aber alles Irdische und Ichhafte, und dazu gehört auch das Mutter- und Vaterherz, will's nicht annehmen. Es weint und klagt und muß immer wieder mit Gottes Wort gestillt werden.

Ich habe Hiob immer schon bewundert, aber jetzt muß ich vor ihm ganz verstummen. Er, der Jesus und seine Verheißungen noch nicht kannte, sagt so schlicht: ›Der Herr hat's gegeben, der Herr hat's genommen, der Name des Herrn sei gelobt!‹ Vielleicht hat sein Vaterherz bei solchen Worten gezittert und geblutet, aber der Herr nimmt auch und gerade solches Lob an.

So will auch ich aus der Tiefe meinen Gott und Heiland preisen.«

In diesen Zeilen meiner Frau steht der Satz: »Nur der kann recht trösten, der selbst durch den Schmerz hindurchgegangen ist und sich von Gott hat trösten lassen.« Das haben wir u. a. im Jahre 1962 erlebt. Da nahmen wir für einige Monate ein Ehepaar aus Hamburg auf. Die beiden waren von der schrecklichen Sturmflut sehr betroffen worden. Die Eltern der Frau hatten sich auf einen Kleiderschrank geflüchtet, waren aber trotzdem ertrunken.

Alle unsere Trostworte schienen umsonst, es war alles hoffnungslos. Die Frau konnte nicht mehr glauben. Doch nach ihrer Rückkehr schrieb sie uns, daß sie jetzt wieder Gott vertrauen könne und zu den schweren Führungen das rechte Ja gefunden habe. Wir hätten ihr beim Abschied gesagt: ›Gott lädt uns nicht mehr auf, als wir tragen können, und er selber hilft uns tragen.‹ Daraufhin sei es bei ihnen langsam heller geworden, und ihr Mann und sie hätten diese Verheißung für sich in Anspruch genommen:

»Dadurch sind wir beide glücklich und frei geworden. Jetzt dürfen wir ein frohes Leben mit Jesus führen, und wir möchten Ihnen für alle Liebe, Geduld und Barmherzigkeit danken.«

Wie wir selber erlebte es auch dieses Hamburger Ehepaar: Wer durch den tiefen Graben des Leides geht, darf auch am Segen des Leides Anteil haben.

Christliches Freizeit- und Bibelheim e.V.

Schon früh hielt ich Ausschau nach einem zweiten Haus als Freizeitheim, weil das bestehende erste zu klein war, um alle die vielen Freizeiten und Gäste aufzunehmen. Ein schönes, großes neues Gebäude in der Nähe von Oberstdorf stand zum Verkauf. Ich fuhr zu Anfang des Jahres 1955 nach Ulm an der Donau, um mit dem dort wohnenden Besitzer zu verhandeln. Die Preis- und Kaufverhandlungen waren bald klar und abgeschlossen. Es mußte nur noch die Zeit bis zum 17. Januar 1955, mittags 12 Uhr, abgewartet werden. Diese war nämlich einem Interessenten, der sich vorher gemeldet hatte, eingeräumt worden. Wir Eltern und auch die Kinder beteten ernstlich darum, daß unter allen Umständen der Wille Gottes in dieser Angelegenheit offenbar werden und geschehen solle. Wenn der Kauf des Hauses nicht seinem Willen entspräche, solle er ihn verhindern. Und tatsächlich, er hat ihn verhindert!

Es kam der 17. Januar. Gegen elf Uhr kam ein Telefonanruf aus Ulm: Der erste Interessent habe sich bisher nicht gemeldet, obwohl er drei Wochen Zeit zum Überlegen gehabt habe. Es sei also damit zu rechnen, daß er kein Kaufinteresse mehr habe, und ich könne schon daran denken, das Haus in einigen Tagen notariell verprüfen zu lassen. Ich gab zur Antwort: »Es ist noch eine Stunde Zeit, da kann sich noch manches entscheiden.« Wir beteten weiter, daß in der einen verbleibenden Stunde nichts als des Herrn Wille geschehe.

Gegen zwei Uhr kam dann ein erneuter Anruf aus Ulm mit der Information, der erste Käufer sei noch gegen 11.30 erschienen und habe das Haus übernommen.

Am nächsten Tag fuhr ich von Oberstdorf nach Gunzenhausen, wo damals noch der größere Teil der Familie wohnte. Ich erzählte von dem Warten und dem Beten um die Offenbarung des Willens Gottes. Da meinten einige der Kinder: »Na, Vati, da wirst du dich aber sehr geärgert haben, daß dir der Käufer noch in letzter Minute das Haus weggeschnappt hat.« Doch ich lachte fröhlich, und schon meldeten sich Walter und Martin, die mit mir gekommen waren, zu Wort: »Wir haben alle darum gebetet, der Kauf möge nicht zustandekommen, wenn er nicht Gottes Wille wäre. Nun ist es doch klar, daß Gott die Sache verhindert hat, sein Wille ist geschehen. Dafür können wir nur danken und brauchen uns nicht darüber zu ärgern.«

Nach einigen Monaten wurden meine Blicke auf ein anderes Haus in der Nähe – in Altstätten – gelenkt. Es hatte zu der im Dritten Reich sehr bekannten Ordensburg Sonthofen gehört. Auch da waren die Kauf- und Übernahmeverhandlungen bald völlig klar, und das Datum zur Verprüfung war schon festgelegt. Meine Frau war zu diesem Termin von Gunzenhausen nach Oberstdorf gekommen. Doch an dem betreffenden Tag erschien um 8 Uhr morgens der Bürgermeister von Altstätten persönlich und vereitelte den Erwerb. Er erklärte, daß er in den Verkauf der mit dem Haus verbundenen Grundstücke nicht einwillige. Trotz telefonischer Rücksprache mit dem Verkäufer – das war im staatlichen Auftrag das Finanzamt Augsburg – und dem Notar konnte keine klare Regelung gefunden werden, so daß auch diese Verhinderung von uns als von Gott kommend empfunden wurde. Ich habe Gottes Führungen oft in meinem Leben so erlebt, daß etwas nicht zustande kam, daß Türen sich schlossen, aber auch immer wieder so, daß Türen sich auftaten und Gott eindeutig grünes Licht gab. Es gilt, für beide Fälle um die Erkenntnis des klaren Willens Gottes zu bitten und bereit zu sein, diesen zu tun.

Im Jahre 1962 kam es zur Gründung des »Christlichen Freizeit- und Bibelheims e.V.«. Ich gebe dazu einem der Männer das Wort, der an dieser Sache von Anfang an mit Rat und Tat beteiligt war, meinem Freund Ludwig Brändlein:

»Ende der fünfziger Jahre sprach Vater Krebs oft mit mir, daß er den Zusammenschluß von Brüdern suche, die seine in Oberstdorf begonnene Arbeit in der Verantwortung mittragen sollten. Die zunehmenden Spenden des Freundeskreises aus ganz Deutschland drängten ihn dazu, diese Arbeit nicht mehr privat weiterzuführen. Die große Nachfrage aus allen Teilen Deutschlands und ein übervolles Haus in den Ferienzeiten führten schließlich zu Erweiterungs- und Baugedanken, nachdem sich der Plan, ein zweites Haus zu kaufen, zweimal zerschlagen hatte. Bei den verschiedensten Gesprächen mit nahestehenden Brüdern war ich von Anfang an dabei. Nach einigen ›Geburtswehen‹ kam es dann im Jahre 1962 im Hause Krebs zur Gründungsversammlung des ›Christlichen Freizeit- und Bibelheimes e.V. Oberstdorf‹, wobei Bruder Krebs den 1. und ich den 2. Vorsitz übernahm.

Was mich schon damals – wie auch die ganzen folgenden Jahre hindurch – sehr beeindruckte, war die Tatsache, daß es Vater und Mutter Krebs stets ein Anliegen war, ihre eigenen Bedürfnisse hintenanzustellen. Mit dieser Entscheidung wurden sie nämlich Angestellte des e.V. und verzichteten auf jegliche Selbständigkeit. Als einer, der eng mit Hans Krebs zusammenarbeitete und bei seiner Ablösung im Jahre 1979 zum 1. Vorsitzenden gewählt wurde, kann ich dies gut beurteilen, daß es immer sein Anliegen war, ein gemeinnütziges Werk, wie es unsere Satzung zum Ausdruck bringt, zu betreiben.« Ja, das war mein Anliegen. Es sollte sich um keinen bloßen Familienbetrieb Krebs handeln. Ob es mir immer gelungen ist, das sei dem Urteil des Herrn überlassen.

Zu dem Erwerb eines zweiten Hauses ist es dann doch noch gekommen, und zwar im Jahre 1963. Da kaufte unser e.V. das Kinderheim »Berghalde«, gelegen an der schönen Oytalstraße, die direkt in die herrliche Berglandschaft hineinführt. Die Einweihung erfolgte am 22. September 1963 durch den früheren Liebenzeller Missionsdirektor Pfarrer Albert Achenbach. In diesem Heim sind keine Jugendfreizeiten mehr durchgeführt worden. Es steht Erholung suchenden Einzelgästen und Familienfreizeiten zur Verfügung. Auch im »Heim Bergfrieden« sind schon viele Menschen an Leib und Seele gestärkt worden. 1973 wurde ein zehn Meter langer Anbau hinzugefügt. Die meisten Zimmer dort sind mit Dusche und WC ausgestattet. Dazu kommt ein einladender Tagesraum mit wunderschöner Bergsicht.

»Ich kann immer wieder nach Hause«

Ehe ich die Einblicke in die Führungen Gottes in meinem Leben mit einigen eigenen Beobachtungen, Erlebnissen und Begegnungen beschließe, möchte ich erst noch Frau Ursula Scheere das Wort geben. Sie war mit ihrem verstorbenen Mann in der Missionsarbeit von »Jugend für Christus« tätig und steht heute in der Missionsarbeit an Blinden in Israel. Die Eheleute Scheere waren unserm Haus besonders eng verbunden. Solche Freunde waren und sind für uns ein besonderer Reichtum, den wir aus Gottes Händen nehmen und für den wir von Herzen dankbar sind. Wenn auch das Verhältnis zu den lieben Scheeres besonders herzlich war, so darf doch der folgende Bericht in etwa stellvertretend auch für andere stehen, die unsere Häuser als ein Stück Heimat empfunden haben. Hören wir Ursula Scheere:

»1956 kamen mein Mann und ich aus dem Osten des Vaterlandes nach Westdeutschland. Ich war körperlich überaus elend und hatte nur 47 kg Gewicht. Da sagte eine liebevoll um mich besorgte Freundin zu mir: ›Du mußt in Erholung, fahre nach Oberstdorf zu den Geschwistern Krebs, die werden dich mit Freuden aufnehmen.‹ Und schon war ich wenige Tage später in Oberstdorf, wo ich mit Herzlichkeit und liebevoller Selbstverständlichkeit aufgenommen wurde, die nicht gerade landesüblich waren. Vater und Mutter Krebs mit Liesel und Ria, Martin, Walter und Richard waren nun die Personen, die mich täglich umgaben, und beileibe nicht nur mich. Mit Liebe und Humor wetteiferten sie, mir besonders wohlzutun.

Wie sprach der Herr durch sie zu meinem Herzen! Innerlich konnte ich in vielem genesen. Wunden, die mir geschlagen waren, fingen an zu heilen. Vertrauen, welches erschüttert war, konnte neu aufgebaut werden. Gott griff so gütig und heilend durch geschwisterliche Liebe in mein Leben ein.

Sieben lange, schöne und ausgefüllte Wochen war ich dort, seinerzeit das ›Paradestück‹ des Hauses Krebs für echte Erholung nach Leib, Seele und Geist. Innerhalb von vier Wochen ›füllte‹ ich mein Gewicht mit 13 kg auf und festigte es in den weiteren, so daß mir nichts mehr von meiner armseligen Garderobe paßte.

Aber nicht nur mein Körpergewicht und mein seelisches Gleichgewicht festigte sich, sondern auch die geschwisterlichen Bande wurden enger. Wie eine Tochter war ich in die Familie Krebs aufgenommen. Hans und Rosa Krebs wurden im Laufe ihres Lebens vielen Menschen zu Vater und Mutter, so auch mir. Ein inneres Band wurde geknüpft, welches auch heute noch hält, obwohl ich diese Zeilen in Israel schreibe, der irdischen Heimat unseres gemeinsamen Herrn und Heilandes Jesus Christus.

In den folgenden Jahren durfte ich dann immer wieder ›nach Hause‹ kommen. Und mein Mann teilte bald diese meine Heimat mit mir. Er fand in dem Missionswerk ›Jugend für Christus‹ sein Arbeitsfeld. Hans Krebs fragte ihn, ob er nicht in Oberstdorf Bibelfreizeiten für jedermann abhalten wolle. Er sagte freudig zu. Es wurden insgesamt nahezu 30 Freizeiten, bis mein Mann mit 57 Jahren heimgerufen wurde. Immer war es unser Anliegen, daß der Herr, seine Botschaft von der Errettung, seine heilende Liebe im Mittelpunkt stehen möge.«

Kurzer Rückblick auf drei Reisen

In Israel

Zu meinem 60. Geburtstag bekam ich von einer Frau, die bei uns zum Glauben gekommen war, als Geburtstagsgabe eine Fahrt in den Nahen Osten geschenkt. Damit meine liebe Frau auch mitreisen konnte, legten unsere Kinder noch das dafür nötige Geld hinzu. Im März 1962 konnten wir diese Reise mit Pastor Heinrich Müller von der Schriftenmission in Lieme/Lippe unternehmen und dabei das Land und die Stätten, wo unser Herr und Heiland gewirkt und für uns die volle Erlösung vollbracht hat, sehen und die Sitten und Gebräuche dort erleben.

Durch diesen Besuch in den Ländern Syrien, Libanon, Jordanien und Israel begreife ich heute beim Bibellesen manches ganz anders als früher. Aber ernüchtert muß ich auch sagen, daß es an den sogenannten »heiligen Stätten« oft sehr wenig heilig zugeht.

Beim Weltkongreß für Evangelisation

1974 nahm ich am Weltkongreß für Evangelisation in Lausanne/Schweiz teil. Besondere Erlebnisse dort waren:

die große Glaubensfreudigkeit der farbigen Christen aus aller Welt;

die gute Organisation;

die Simultanübertragung, so daß jeder in seiner Sprache die wertvollen Vorträge und die Berichte vom Wirken Gottes in aller Welt hören konnte;

das Kennenlernen und die ergreifenden, mahnenden Zeugnisse von Billy Graham und Corrie ten Boom;

die große Abendmahlsfeier mit 4000 Teilnehmern und die herzliche Verbundenheit aller. Das war wie ein Vorgeschmack davon, wie es einmal in der ewigen Herrlichkeit sein wird.

Im D-Zug nach Frankfurt

1972 fuhr ich zur Gnadauer Pfingstkonferenz nach Frankfurt. In Ulm stieg ich in einen D-Zug und suchte mir einen großen Wagen aus, der keine Einzelabteile hatte, um richtig Traktate verteilen zu können. Kaum hatte ich Platz genommen, da gab ich schon den zwei Männern mir gegenüber ein Blatt.

Leider hatte ich nicht alle Traktate vorher selber gelesen. Die beiden hatten gerade hineingeschaut, da rief der eine: »Gibt's denn heute im 20. Jahrhundert noch solche Dummköpfe, die an Wunder glauben?« Also wußte ich, daß in seinem Blatt etwas über Wunder stand. Er meinte, ich sollte jetzt gleich ins Gespräch mit ihm kommen, aber ich sagte: »Sobald ich den ganzen Wagen ›versorgt‹ habe, komme ich.«

Dann ging's natürlich laut und scharf zu. Der Mann wollte wissen, ob ich denn wirklich an Wunder glaubte. Ich antwortete: »Nein!« »Ja, warum verteilen Sie dann solche Blätter?« »Weil ich an den glaube, der Wunder tut!«

Sofort sammelten sich mehrere Mitfahrer, die gerne miterleben wollten, wie schnell ein kleiner Christ wie ich »fertiggemacht« wurde. Ich sagte: »Sie sind doch selber das größte Wunder. Haben Sie sich schon einmal in einem Spiegel genau betrachtet?« Sofort zog er seinen Taschenspiegel heraus und meinte, er sei dreckig. Ich sagte: »Nein, schauen Sie sich mal richtig an! Sie haben Augen, die besser sehen als der beste Fotoapparat. Sie haben Gehirn und einen Geist, der Sie denken läßt. Die Zentrale Ihres Kopfes ist wie ein Telegrafenamt. Sie haben Ohren, die besser funktionieren als ein Radioempfangsgerät. Sie haben Hände, die besser arbeiten als eine Maschine. Sie haben Füße, die Sie durch die Welt tragen. Sie haben einen Mund und eine Stimme. Das ist unsere Orgel und das Sprachrohr Gottes. Sie haben eine Lunge, die Luftzufuhr, und ein Herz, den Motor Ihres Körpers. Ihre Adern sind voll Blut, dem Lebenträger unseres Daseins.

Ja, wunderbar sind wir Menschen gemacht, als Gottes Ebenbild aus der ganzen übrigen Schöpfung herausgehoben. Und sollte das kein Wunder sein, daß unser Körper 220 Knochen und 440 Muskeln hat? O armer Mann, der so blind durch die Welt geht!«

Da sagte mein Gegenüber plötzlich: »Ach, kommen Sie, ein Pfund Wurst ist mir lieber als Ihr frommer Kram!« Nun fuhren wir gerade an vielen Weizen-, Roggen-, Hafer- und Gerstenfeldern vorbei, und ich sagte: » Schauen Sie doch mal raus!« Ich machte ihn auf die verschiedenen Getreidearten aufmerksam. Er meinte: »Das ist doch alles ein Gras«, weil er nichts davon verstand. Ich erklärte ihm: »Sehen Sie, wenn ein Schwein dieses Weizenkorn frißt, dann wird Fleisch, Speck und Ihre geliebte Wurst daraus. Wenn ein Huhn aber dasselbe Korn frißt, dann werden Eier und Federn daraus. So könnte man auf viele, viele weitere Wunder hinweisen, und da behaupten Sie, daß es keine Wunder gibt!«

Auf meine Frage, welchen Beruf er denn habe, gab der Mann zur Antwort: »Ich bin Wissenschaftler.« Darauf ich: »O armes Volk, das solche Wissenschaftler hat, die blind durch die Welt gehen und keine Wunder sehen, wo doch alles um uns her voller Wunder ist!«

Während der lebhaften Unterhaltung merkte ich gar nicht, daß inzwischen wohl 20–30 Fahrgäste um uns herum standen und unserer Auseinandersetzung zuhörten. Ich durfte noch manches, was ich sagte, mit dem Worte Gottes belegen und von der Größe und Allmacht Gottes, aber auch von seiner rettenden Liebe in Christus Zeugnis geben.

Schon bald waren wir in Frankfurt, und ich mußte aussteigen. Einige der Fahrgäste ersuchten mich, doch noch bis Düsseldorf mitzufahren. Sie erklärten sich bereit, mir die Fahrkarte zu bezahlen, da sie gerne mehr hören wollten. Ich schrieb schnell einige Bibelstellen auf, gab sie ihnen und stieg aus.

Während der Konferenz hatte ich aber keine rechte Ruhe und keinen vollen Segen. Immer wieder dachte ich: »Du hast eine Gelegenheit versäumt, vielen Menschen den Weg weiter zu Jesus zu zeigen.« Mein ständiges Gebet in diesen Tagen lautete: »Herr, vergib mir!«

Der Buchenstrauch – Die Erkenntnis des Willens Gottes

Vor unserm Haus in Gunzenhausen befand sich früher eine Hecke am Straßengraben entlang. Eines Tages im Frühling fiel mir auf, daß mitten in der Hecke ein Steinbuchenstrauch noch die vertrockneten, alten Blätter hatte, während andere Sträucher schon neue Triebe mit jungen Blättern hervorbrachten. Ich meinte, dem Strauch helfen zu müssen und befreite einige Zweige vom dürren Laub, kam aber nicht dazu, alle die vertrockneten Blätter vom ganzen Strauch abzureißen.

Nach mehreren Tagen fiel mein Blick wieder auf den Strauch. Wie erstaunt war ich, als ich sah: Der ganze Strauch hatte grüne Knospen und sogar schon Blättchen! Es war aber kein Unterschied zwischen den Zweigen, die von mir vom alten Laub befreit worden waren, und denen, an welchen ich nichts getan hatte.

Ich erkannte, daß da, wo neues Leben sich entwickelt und pulsiert, das Alte von selbst abfällt und abgeschoben wird, wenn die richtige Zeit da ist. Das neue Leben kann das alte nicht mehr dulden. Ich durfte es schon öfter erleben unter unsern jungen und älteren Gästen: Wen der Sohn frei macht, den macht er recht frei. In der Glaubens- und Lebensverbindung mit Jesus wächst Neues heran.

Wenn wir dabei durch unser ständiges Drängen, Treiben und Ermahnen mithelfen wollen, richten wir mehr Schaden als Nutzen an. –

Vor allen Entscheidungen war mein Hauptanliegen, den Willen Gottes zu erkennen und zu tun. Dieses ist aber nicht immer so leicht; denn unser eigener Wille und Verstand will ja auch zu seinem Recht kommen. Aus diesem Grunde habe ich immer Gott darum gebeten, daß er mir in seiner Gnade einfach einen Riegel vorschieben solle, wenn ich in Gefahr war, eigenwillige und selbstgewählte Entscheidungen zu treffen. Er solle meine eigenen Pläne verhindern und mich vor eignen Wegen bewahren.

Die Erhörung dieses Gebetes durfte ich schon wiederholt in wunderbarer Weise ganz klar erleben, besonders beim Kauf von Häusern oder Bauplätzen.

Was ich vom Weinstock lernte

Im Jahre 1934 wollten wir an unserm Haus ein Stockwerk aufbauen. Unser Weinstock, den ich – mehr als Verzierung – an der ganzen Hauswand und um die Fenster herum wachsen ließ, mußte deshalb auf ein Gestell in den Garten umgelegt werden, damit er nicht beschädigt wurde. Zum Schutz deckte ich ihn mit starken Brettern ab.

Doch die Maurer, die zum Aufschlagen der Gerüste noch Bretter benötigten, nahmen einfach diese Abdeckbretter und stiegen direkt auf dem Stamm und den Reben herum, so daß die ganze Rinde weggetreten und zerschunden war.

Die Maurerarbeiten sollten nach vier Wochen beendet sein, dauerten aber vier Monate. In dieser langen Zeit sahen wir, daß der Weinstock in dem zerschundenen und geknickten Zustand ganz wenige Blätter hatte, aber viele Blüten. Als wir im August, nach der Fertigstellung des Hauses, den Weinstock wieder an die Hauswand hängen wollten, waren wir über sein Gewicht sehr erstaunt und noch mehr darüber, daß wir fast nur Trauben und ganz wenig Blätter sahen. Eine Traube hing neben der andern. In dem folgenden sonnigen Herbst wurden diese vielen Trauben noch sehr schön blau und reif und auch sehr süß. Allerdings waren sie sehr klein. Wir konnten Waschkörbe voll ernten und die ganze Nachbarschaft damit beschenken. Viele Leute blieben stehen und staunten voll Bewunderung. Gerade in diesem geknickten und zerschundenen Zustand brachte der Weinstock die meiste Frucht.

Nach dem Absturz unserer drei geliebten Söhne lagen wir auch manchmal zerknickt vor dem Thron unseres Gottes und baten ihn: »Laß doch aus diesem schweren Erleben viel Frucht für die Ewigkeit erwachsen, und rede mit allen Menschen, die davon erfahren, daß mancher aufwacht vom Sündenschlaf und ein neues Leben mit Jesus beginnt!« Wir durften erleben: »Wer nie durch des Leides tiefen Graben gegangen, der hat nie des Leides Segen empfangen!« – Der Weinstock an meinem elterlichen Haus wuchs sehr gut und trieb lange Reben. Es machte mir große Freude, alle Fenster des Hauses zu umrahmen und damit zu verzieren. Schön geschmückt sah mein Haus aus. Einmal kam ein gläubiger Bruder, der Winzer war und übernachtete bei uns. Er erkannte an den Reben, daß der Weinstock besonders guter Abstammung war. Als ich ihm erzählte, daß die Trauben wohl süß, aber sehr klein seien, sagte er: »Um gute und große Weintrauben zu bringen, muß der Weinstock anders gestutzt werden.« Er versprach mir, im nächsten Frühling zu kommen und den Stock zu beschneiden.

Eines Tages kam ich nach Hause. O weh! Da lag der ganze Hof vor dem Haus voller Reben, die schöne Verzierung des Hauses war dahin. Der Weinstock weinte, daß der Hof naß war und blutete aus den paar Stutzen, die der Winzer noch stehen gelassen hatte. Auch mir kamen die Tränen. Ich meinte, der Stock verblutete sich. Es sei nicht nötig gewesen, ihn so stark zu stutzen und zu beschneiden, eine solche Behandlung überlebe er nicht.

Nach einigen Wochen kamen aber einige Triebe hervor, die dann auch bald blühten. Bald konnte man sehen, daß die Trauben sehr schön wuchsen und groß wurden, wohl dreimal so groß wie sonst. Im Herbst hatten wir eine Ernte wie noch nie.

Ich war um eine Erfahrung reicher: Das starke Beschneiden war nötig gewesen, um gute Früchte zu ernten. Und so müssen wir es uns auch gefallen lassen, wenn Gott in unserm Leben zuschneidet und stutzt, damit wir rechte Frucht bringen.

Noch vier Erlebnisse

Das Finanzamt als heimliche Sparkasse

Der Besitzer Vogel, von dem ich im Dezember 1953 das Haus Am Faltenbach 28 kaufte, um es zum Christlichen Freizeitheim umzubauen, blieb zunächst noch dort wohnen. Ich pendelte damals immer zwischen Gunzenhausen und Oberstdorf hin und her. Als ich am 16. Mai wieder nach Oberstdorf kam, erfuhr ich, daß Herr Vogel in Konstanz ein Hotel pachten könne, dafür aber umgehend 25 000 DM benötige. Wenn er diese Summe hätte, würde er sofort ausziehen und nach Konstanz übersiedeln.

Wir hatten den Kaufpreis an Herrn Vogel noch nicht voll bezahlt und hätten jetzt gern die benötigte Summe aufgebracht, damit wir die noch von ihm bewohnten Räume frei bekämen, die wir dringend für den sich ausweitenden Freizeitbetrieb brauchten. Aber woher eine solch große Summe nehmen, zumal der Verkauf unseres Betriebes in Gunzenhausen noch nicht ganz klar abgeschlossen war? Ich hätte zwar die 25 000 DM von der Sparkasse in Gunzenhausen leihen können, aber mich bewegte die Frage, ob der reiche Gott nicht noch andere Mittel hätte, um zu helfen.

Ich fuhr zunächst mit Herrn Vogel nach Konstanz, um mich zu vergewissern, daß es mit dem Pachten des Hotels dort auch seine volle Richtigkeit habe. Ich kehrte anschließend gleich wieder nach Gunzenhausen zurück. Ich sagte meiner Frau, daß ich auf schnellstem Wege 25 000 DM brauche. Da lachte sie und legte mir einen Brief vom Oberfinanzamt in Nürnberg hin. Darin stand die erstaunliche Mitteilung, daß ich 22 500 DM Steuern zu viel bezahlt hätte und diese Summe beim Finanzamt in Gunzenhausen abholen könne! Da war natürlich unsere Freude groß und unser Herz und Haus voller Loben und Danken.

Aber was war denn passiert, daß es zu dieser Rückzahlung kam? Mein Bruder Karl, der bei mir im Büro angestellt war, besprach eines Tages mit meinem Steuerberater verschiedene Eintragungen im Journal (Tagebuch für die Buchführung). Ich bekam gerade mit, wie dieser auf eine Eintragung hinwies und sagte:

»Wenn das ein Steuerprüfer entdeckt, könnte er es als Steuerhinterziehung betrachten.« Es handelte sich nur um eine Kleinigkeit. Es ließ mir aber keine Ruhe, ich brachte sie beim Finanzamt in Ordnung und mußte die unbedeutende Summe von 22,50 DM nachzahlen.

Das Finanzamt schien mir aber zu mißtrauen, und ich mußte eine außerordentliche Wirtschaftsprüfung über mich ergehen lassen. Das ist für einen Geschäftsmann keine gerade sehr willkommene Prozedur. Der Chef vom Prüfungsverband kam selber zur Prüfung, so, als ob eine große Steuerhinterziehung vorliegen würde. Er prüfte sehr genau, konnte aber nichts finden, was Grund zu Beanstandungen hätte geben können. Er erklärte dann in aller Öffentlichkeit, daß er kaum jemals eine solch genaue und gewissenhafte Buchhaltung angetroffen habe. Diejenigen, welche die Prüfung veranlaßt hätten, sollten vor ihrer eigenen Türe kehren. Er hatte nämlich durch die so gründliche Prüfung festgestellt, daß ich acht Jahre lang zuviel Steuern bezahlt hätte und daß daraus eine Rückzahlung von 22 500 DM resultierte! Ich bekam also genau das Tausendfache von dem zurück, was ich nachgezahlt hatte!

Ich konnte aus der eigenen Tasche noch 1 500 DM dazutun und fuhr mit der Summe von 24 000 DM gleich nach Oberstdorf. Es fehlten also noch 1 000 Mark an der ganzen benötigten Summe. In Oberstdorf bekam ich Besuch von einem befreundeten Pfarrer, der mir folgendes erzählte: »Ich wachte in der letzten Nacht dreimal auf und wurde vom Geist Gottes gemahnt, daß du Geld brauchst und ich dir 1 000 Mark bringen soll.« Dabei warf er einen 1 000 DM-Schein auf den Tisch! Nun war die ganze Summe vorhanden!

So genau auf die Mark macht Gott es natürlich nicht allezeit, wenn die Seinen Geld brauchen. So handgreiflich ist seine Hilfe nicht immer. Er läßt auch bei seinen Kindern manchmal Nöte und Engpässe zu. Aber hier konnten wir alle nur staunen und danken, wie das Geld zusammengekommen war, und unser Vertrauen auf den wunderbaren Gott wurde neu gestärkt.

Am 18. Mai zog dann die Familie Vogel mit all ihrem Hab und Gut nach Konstanz, und unser Haus war frei.

Die beste Verjüngungskur

Eines Tages kamen zwei ältere Damen zur Erholung in unser Heim. Ich begrüßte sie, es war gerade während der Zeit des Abendessens. Auf einmal schrie ein zweijähriges Kind laut, und die eine der beiden Damen fragte erschrocken: »Was? Solche kleinen Kinder haben Sie auch hier?« Ich gab ihr zur Antwort: »Ich habe Ihnen doch geschrieben, daß Sie besser zu einer andern Zeit kommen möchten, wir hätten jetzt gerade eine Familienfreizeit.« Darauf die Frau: »Dann gehen wir wieder und suchen uns in Oberstdorf ein anderes Zimmer.« Ich gab den beiden Frauen zu verstehen, daß ich sie wirklich nicht festhalten wolle. Aber heute abend würden sie schwerlich noch ein passendes Quartier finden. Sie sollten mal eine Nacht hierbleiben.

Als das Kind weiter schrie, regte sich die Frau, welche die Beanstandung vorgebracht hatte, noch mehr auf. Da fragte ich sie: »Darf ich erfahren, wie alt Sie sind?« »82 Jahre,« lautete die Antwort. Darauf ich: »Sehen Sie, vor 80 Jahren haben Sie genau so geschrieen, das wissen Sie bloß nicht mehr!« »Eine Unverschämtheit!« zischte die Dame, und die beiden verschwanden in ihrem Zimmer.

Nach dem Kaffeetrinken am nächsten Morgen rechnete ich damit, daß sie nun aufbrechen und sich ein anderes Zimmer im Ort suchen würden. Aber sie blieben zur Morgenandacht. Und bald darauf traute ich meinen Augen nicht: Da spielten die beiden Alten mit zehn oder zwölf Kindern auf einer Wiese Ringelreihen und hüpften richtig herum mit ihnen! Nach dem Mittagessen fragte ich sie, ob ich sie jetzt mit nach Oberstdorf hineinnehmen solle. Aber sie wehrten ab und sagten: »Nein, nein! Wir haben ja gar nicht gewußt, wie schön es mit Kindern ist!« Jahrelang waren sie in ihrer Wohnung allein gewesen. Nach acht Tagen stellten sie fest: »Wir sind jetzt um 20 Jahre jünger geworden!« Und sie fügten hinzu: »Sagen Sie doch überall, daß es die beste Verjüngungskur ist, wenn man Kinder dabei hat und eine Familienfreizeit miterlebt!« Sie kamen dann noch einige weitere Jahre zur Erholung zu uns.

»Diesen Abend vergesse ich mein Leben lang nicht!«

Ein Vater war sehr empört darüber, daß seine beiden Kinder in die Mission gehen wollten; denn er hatte ganz andere Pläne mit ihnen. Er versuchte, alles mögliche dagegen zu unternehmen. Die Mutter war gläubig und mit den Zielen der Kinder sehr einverstanden. Alle drei beteten viel für den Vater, aber er verhärtete sein Herz immer mehr und wurde oft richtig böse.

Die Mutter, die Kinder und andere Verwandte wollten an einer Freizeit in Oberstdorf teilnehmen. Sie ersuchten den Widerstrebenden, er möchte sie doch mit einem VW-Bus dorthin fahren und selber 14 Tage Urlaub machen. Der Mann ging tatsächlich darauf ein. Nun beteten und hofften alle, er würde auch an den Veranstaltungen der Freizeit teilnehmen. Aber er verstand es so einzurichten, daß er jeden Tag eine Wanderung oder Bergtour machte, und abends war er dann zu müde. So gingen 12 Tage dahin, ohne daß er an einer Andacht teilgenommen hätte.

Dann hielt ich abends meinen Lichtbildervortrag über die »Drei am Himmelhorn«. Ich sah mich innerlich genötigt, auf Herrn K. zuzugehen und ihm zu sagen: »Heute abend müssen Sie unbedingt dabei sein. Ich fange den Vortrag nicht eher an, als bis ich Sie auf Ihrem Stuhl sitzen sehe.« Er wollte abwehren und schützte vor, daß er von der Bergtour zu müde sei. Er würde bestimmt einschlafen und dann stark schnarchen. Ich erwiderte: »Das macht gar nichts. Es ist ja dunkel, und der Apparat schnarcht auch.« Er erschien dann auch und schlief nicht ein. Das Miterleben im Vortrag hielt ihn wach. Vor allem erwachte sein Gewissen über dem, was er sah und hörte. Beim Gutenachtsagen sagte er ganz bewegt die wenigen Worte: »Diesen Abend vergesse ich mein Leben lang nicht mehr!« Ich aber dankte Gott für das Wirken seines Geistes.

Zwei Tage später verließen alle Oberstdorf. Das Ziel war zunächst Frankfurt, wo sie bei Verwandten übernachten wollten. Als sie dort ankamen, waren diese gerade auf dem Sprung, den Vortrag eines bekannten Evangelisten zu besuchen. Sie sagten: »Ihr könnt euch selbst etwas zu essen machen.« Als die Besucher den Namen des Evangelisten hörten, erklärten sie: »Diesen Mann wollten wir schon lange gern einmal kennenlernen. Wir gehen mit euch.« Alle rechneten damit, daß Herr K. nach der langen Fahrt zu müde sein und im Hause bleiben würde. Aber erstaunlicherweise war auch er bereit mitzukommen.

Am Schluß des Abends sagte der Evangelist: »Wenn unter uns einige sind, die mit wenigen Worten sagen wollen, wie sie zu Jesus gefunden haben, dann bitte ich diese, nach vorne zu kommen. Aber bitte keinen Vortrag halten!« Zum Verwundern aller seiner Verwandten stand Herr K. auf und ging nach vorne. Mit einem strahlenden Gesicht bezeugte er, daß er vor zwei Tagen in Oberstdorf während eines Lichtbildervortrages sein sündiges Leben erkannt habe. Er habe aber auch bei Jesus die Vergebung der Sünden erlebt und ihm sein Leben übergeben. Seiner Frau und seinen Kindern und den übrigen Verwandten hatte er davon noch nichts gesagt. Wie waren diese freudig überrascht! Ich erfuhr nach einem Vortrag in der Stadtmission in Solingen von ihm diese seine Geschichte.

Ein Spaziergang mit Wilhelm Busch

Im Jahre 1964 war der bekannte Jugendpfarrer und Schriftsteller Wilhelm Busch sechs Tage in Oberstdorf und hielt abends in der Kirche Evangelisationsvorträge. Zugleich fand tagsüber eine Rüstzeit für seine jugendlichen Mitarbeiter aus dem Weiglehaus in Essen statt. Er wohnte selber in einem Hotel, um mehr Ruhe zu haben. Tagsüber kam er aber öfter in unser Haus, wo seine Mitarbeiter einquartiert waren. Obwohl er nicht besonders auf Seelsorge und Aussprachemöglichkeiten hinwies, suchten ihn doch von sich aus einige der Zuhörer auf, sprachen sich bei ihm aus und gaben ihr Leben im Glauben an Jesus Christus hin.

An einem Nachmittag nach dem Kaffeetrinken ging ich mit Wilhelm Busch im nahen Oytal spazieren. Er hatte mir u. a. geklagt, daß ihm manche Brüder das Leben oft recht schwer machten. Kurz vor der Oybrücke lag ein faustdicker Stein mit fünf oder sechs Spitzen und Kanten auf der Straße. Ich hob ihn auf und zeigte ihn meinem Freund. Er fragte: »Was willst du mir damit sagen?« Ich gab zur Antwort: »Wilhelm, wenn ich diesen Stein auf einen Grashang werfe, ist er in 50 Jahren immer noch so spitzig und kantig wie heute. Aber sieh, ich werfe ihn jetzt in den Oybach. Dort wird er in einem Jahr schön glatt. Das macht er aber nicht selber, dafür sorgen seine Nachbarn und Genossen. Sie schleifen ihm die Kanten und Spitzen ab.

Ähnliches ist auch bei uns Menschen und vor allem bei den Jüngern Jesu nötig. Wir haben alle unsere Spitzen und Kanten, aber die müssen weggeschliffen werden, wenn wir in Gottes Bau hineinpassen wollen. Selber bringen wir das nicht fertig. Ja, wir erkennen und geben unsere Unarten und Eigenarten nicht einmal immer zu. Da müssen die Brüder, die es uns in manchem schwer machen, mithelfen, daß unsere Kanten abgeschliffen werden. Das tut oft weh. Wir brauchen aber solche ›Nervensägen‹, manchmal in unserer nächsten Umgebung. Wie sollen wir sonst Geduld lernen?«

Was bleibt zu rühmen?

1979 bin ich von der Leitung des Christlichen Freizeit- und Bibelheims e. V. Oberstdorf zurückgetreten. Noch helfe ich hier und da ein wenig mit. Wenn ich mein Leben überschaue – wieviel Versagen und Zukurzkommen immer wieder auf meiner Seite! Was ganz allein zu rühmen ist, steht in dem Bibelvers 1. Korinther 15, 10: »Aus Gottes Gnade bin ich, was ich bin, und seine Gnade an mir ist nicht vergeblich gewesen.«

Alles, was meine Frau und ich – die Kinder eingeschlossen – tun durften, war nur das Werk der unfaßbaren Gnade des Heilandes. Daß er uns als seine Handlanger und Werkzeuge gebraucht hat, war ganz allein seine Güte und Barmherzigkeit. Hier ist es mir eine liebe Pflicht, darauf hinzuweisen, daß neben den ausführlich erwähnten Söhnen Martin, Walter und Richard alle unsere Kinder am Aufbau sowohl in Gunzenhausen wie in Oberstdorf beteiligt waren: Johannes, Ria, Elisabeth, Siegfried, Krimhild und Sieglinde.

Siegfried hat als mein Nachfolger die Geschäftsführung in Oberstdorf übernommen. Sieglinde und unsere Pflegetochter Ria stehen in mannigfachem Einsatz im Heim Bergfrieden. Auch Elisabeth und Krimhild sind nach wie vor in unserer »Familienbranche« tätig, allerdings nicht mehr in Oberstdorf: an der Seite ihrer Männer Günter Harm und Fritz Schroth im Christlichen Gästehaus Lindenhof in Rettenbach/Allgäu und in den Christlichen Gästehäusern am Kreuzberg in Bischofsheim-Haselbach/Rhön. Unser Sohn Johannes ist in unserer Nähe, in Sonthofen, als Lehrer tätig und mit uns allen weiterhin herzlich verbunden.

Und nun noch einige Sätze zum Schluß, die mir sehr wichtig sind: Jesus muß auf alle Fälle immer die Hauptsache sein und bleiben!

Die Kinder dieser Welt müssen alles mögliche anstellen, um aus sich etwas zu machen. Und wie geben sie dann gerne an! Christen aber kommen nie aus dem Staunen heraus, was Gott alles aus ihnen macht und durch sie vollbringt. Ja, nichts ist so reich, so voll von immer neuen Überraschungen wie ein Leben mit dem lebendigen Gott.

Erwarte Großes von Gott! Unternimm Großes für Gott! Erlebe Großes mit Gott!

NACHTRAG

Statt Krach ein Blumenstrauß

Morgens um 7.30 Uhr brachte unser Pfarrer G. eine Frau zu mir und bat mich, mit ihr eine Aussprache zu haben. Frau X war zu dieser frühen Stunde bei ihm erschienen, er aber mußte zum Religionsunterricht in der Oberschule. Er meinte, sie sei geistig gestört. Ich sprach mit der Frau und merkte bald, daß sie sich in einer furchtbaren Seelennot befand. Ich bat sie, einige Tage bei uns zu bleiben, um sich etwas erholen zu können. Sie war dazu bereit und erlebte die Anreise einer Freizeitgruppe. Sie war erstaunt, wie herzlich sich die Teilnehmer begrüßten. Sie staunte noch mehr, als ich ihr sagte, daß sich viele von ihnen vorher überhaupt nicht kannten. Am Abend war dann die »offizielle« Begrüßung und die erste Andacht. Wieder staunte die Frau. Es war ihr alles vollkommen fremd und neu.

Am nächsten Tag erfuhr ich dann Näheres von Frau X über ihre Nöte und Anliegen. Sie war in üble Erbschaftsstreitigkeiten hineingezogen worden und davon so bedrückt, daß sie sich an der Nordwand des Nebelhorns in die Tiefe stürzen und so ihr Leben beenden wollte. Aber Gott hatte ihr einen »Engel« in der Gestalt einer Frau in den Weg gestellt und ihr Vorhaben verhindert. Jene Frau fuhr mit ihr nach Oberstdorf zurück. Sie nahm ihr das Versprechen ab, daß sie am nächsten Morgen bei Pfarrer G. sich aussprechen wolle. Nun war sie also bei mir. Noch aber war sie von dem versuchlichen Gedanken nicht frei, hinterher wieder zum Nebelhorn zu fahren und ihren dunklen Plan doch noch auszuführen.

Durch Gottes Barmherzigkeit kam es dann aber ganz anders. Nach einigen Tagen bekam Frau X wieder Lebensmut. Als sechs Tage vergangen waren, erlebte sie eine klare Bekehrung zu Jesus. Sie erfaßte die Liebe und Gnade des Herrn und wurde sehr froh und glücklich. Wir alle konnten mit ihr nur loben und danken.

Die Freizeit ging dem Ende zu, und Frau X begann an die Zukunft zu denken. Sie war vorher in einem großen Sanatorium im Südschwarzwald 15 Jahre lang im Büro und beim Gästeempfang tätig gewesen. Sie war dann einfach weggelaufen, ohne dem Chef ein Wort zu sagen. Sie ersuchte mich, diesen anzurufen und ihn zu ersuchen, ihr die Papiere zu schicken. Sie wollte und konnte – wie sie meinte – an die frühere Stelle nicht zurückkehren. Ich erfüllte ihren Wunsch, und der Chef äußerte sich am Telefon sehr ärgerlich und enttäuscht über Frau X: 15 Jahre lang sei sie seine zuverlässigste Angestellte gewesen. Und nun dieses unmögliche Benehmen! Ich sagte zu ihm: »Wenn Sie Frau X trotz dem Vorgefallenen wieder einstellen, bekommen Sie eine noch bessere Kraft als früher. Dafür garantiere ich Ihnen.«

Die Antwort lautete aber: »Kommt gar nicht in Frage! Frau X soll selber kommen, ihre Papiere abholen und einen ordentlichen Krach erleben.« Ich bat ihn, die Bibelstelle Lukas 15, 18–24 (aus der Geschichte vom verlorenen Sohn) zu lesen und zu überdenken. Ich kündigte ihm an, ich würde ihn am nächsten Abend um dieselbe Zeit wieder anrufen. Das tat ich, aber der hohe Herr verharrte unerbittlich auf seinem Standpunkt. Ich bat ihn: »Lesen Sie die genannte Bibelstelle bitte noch einmal! Ich rufe Sie morgen abend ein weiteres Mal an.« Das geschah. Die Stimme des Chefs klang nicht mehr ganz so scharf, aber er blieb bei seiner Meinung.

Frau X bat, es möge doch jemand mit ihr zu der Wiederbegegnung mit ihrem Vorgesetzten fahren. Ich sagte zu ihr: »Sie waren nicht zu feige, einfach wegzulaufen. Nun müssen Sie auch den Mut haben, einen Krach zu riskieren, und die Papiere abholen.« Wir beteten für sie, und es war mir fast gewiß, daß der Krach so schlimm nicht ausfallen würde. Hier ist der erstaunliche Bericht, wie die Sache weiterging:

Am nächsten Tag fährt Frau X zu ihrer Arbeitsstätte. Voller Angst steigt sie aus dem Zug, und voller Schrecken erblickt sie ihren Chef mit einem Blumenstrauß in der Hand. Sie versucht, ihm auszuweichen, und meint, daß er einen hohen Gast abholen wolle. Aber die Augen des Mannes erblicken Frau X. Er geht geradewegs auf sie zu und begrüßt sie sehr freundlich. Er überreicht ihr den Blumenstrauß und fährt sie persönlich zum Sanatorium. Dort stehen 200 Gäste Spalier und heißen Frau X ebenfalls herzlich willkommen. Noch mehr staunt diese, als sie in den Speisesaal geführt wird. Dort ist ein richtiges Festmahl aufgebaut. Sie traut ihren Augen kaum. Dann muß sie dem Chef erzählen, was sie bei uns erlebt hat. Er merkt, daß sie ein neuer Mensch geworden ist. Sie bekommt die Erlaubnis, vor allen Gästen ein klares Zeugnis von ihrer Wiedergeburt abzulegen.

Das alles erzählt mir Frau X am nächsten Tag am Telefon. Da greift auf einmal der Chef zum Hörer und bedankt sich bei mir, daß ich in meinem Eintreten für Frau X so beharrlich gewesen bin. Er fragt mich, wie auch er erfahren könne, was seine Sekretärin erlebt habe. Ich antworte, er möge zu uns kommen und eine Freizeit mitmachen.

Frau X war noch jahrelang eine treue Zeugin Jesu im Sanatorium und durfte manchen Gast zum Herrn führen. Sie kam noch einige Male zu uns nach Oberstdorf zur Auffrischung und Stärkung ihres Glaubenslebens. Vor wenigen Jahren ist sie heimgerufen worden.

16 junge Männer als »Füllmaterial«

78 Teilnehmer waren zu einer Freizeit für Berufstätige aus dem Ruhrgebiet angereist. Bei unserer Begrüßung sagte der Leiter zu mir: »Bruder Krebs, dieses Mal brauchst du einen Sack voll Geduld. Ich kann keine Garantie dafür übernehmen, daß von den Teilnehmern keiner aus der Rolle fällt. Wir haben nämlich 16 junge Männer als ›Füllmaterial‹ mitgenommen, um unsere zwei Omnibusse vollzubekommen. Sie sind von geistlichen Dingen völlig unberührt und haben keinerlei Interesse an der Bibel und am Glauben. Ich fürchte, sie werden uns viele Schwierigkeiten machen.«

Meine Antwort war: »Dann muß jeden Morgen eine Schar von Betern zusammenkommen und für diese 16 besonders nachhaltig am Thron Gottes eintreten.«

An den beiden ersten Tagen erschien keiner von unsern »Sorgenkindern« zur morgendlichen Bibelarbeit. Aber am dritten und vierten Tag kam einer nach dem andern »angeschlichen«. Sie waren neugierig geworden, was denn da in der Bibelarbeit geschehe. Sie merkten, wie fröhlich alle waren, die daran teilnahmen.

Am siebten Tag hielt ich meinen Vortrag über Oberstdorf mit den letzten Bildern meiner drei Söhne vor ihrem tödlichen Absturz. In der Nacht darauf »brach das Eis«. Der erste der 16, der eine Aussprache suchte, war der Sohn eines fanatischen Gottesleugners. Er erlebte eine klare Bekehrung zu Jesus. Weitere folgten in den nächsten Tagen. Am Schluß der Freizeit hatten 12 von den 16 einen neuen Anfang mit Jesus in ihrem Leben gemacht. Als sie nach Hause zurückkehrten, merkte man ihnen die Veränderung an, die mit ihnen geschehen war. Sie wurden frohe Zeugen ihres Herrn in ihren Fabriken und Betrieben und durften manche ihrer Arbeitskameraden zu Jesus führen.

Der Sturz in die Tiefe

Im Juli 1960 führte eine Jugendgruppe aus Honnef am Rhein – insgesamt 21 Jungen und Mädchen – eine Freizeit bei uns durch. An einem Tag machten die Teilnehmer eine Wanderung nach Gerstruben am Hölltobel vorbei. Sie hielten sich einige Zeit am Wasserfall auf, dessen Besichtigungskanzel durch Holzstangen abgesperrt war. Dann ordnete der Leiter an, die Wanderung fortzusetzen. Im selben Augenblick ertönte ein lauter Schrei, und man hörte einen Krach.

Beate Schubert, ein achtzehnjähriges Mädchen, hatte sich an der Absperrstange festgehalten. Nun stieß sie die Stange etwas von sich ab, da brach diese, und das Mädchen stürzte rückwärts in die Tiefe. Sie fiel aber nicht ins Wasser, sondern schlug auf den Felsen auf. Als ich von dem schrecklichen Vorgang telefonisch erfuhr, brach ich sofort mit einem Polizisten auf, um noch die Rettung der Verunglückten zu versuchen. Aber alle menschliche Hilfe kam zu spät. Als wir unten am Hölltobel ankamen, konnten wir nur noch Beates Tod feststellen.

Ihre Mutter kam hinterher einige Tage zu uns ins Haus. Eine furchtbare Anklage ließ sie nicht los. Als ihre Tochter ihr nämlich mitgeteilt hatte, daß sie mit der christlichen Gemeindejugend zur Freizeit nach Oberstdorf fahren wolle, war die Mutter gar nicht damit einverstanden gewesen. Ihre Entgegnung war sehr schlimm ausgefallen: »Wenn du mit dem frommen Verein losfährst, brauchst du mir gar nicht mehr ins Haus zurückzukommen.« Und Beate war nicht mehr zurückgekommen!

Kann in einem solch ernsten, leidvollen Erleben ein hartgeschlagenes und tiefverwundetes Mutterherz noch einmal zur Ruhe kommen? Ja, bei dem Heiland der Sünder, dessen Vergebung keine noch so böse Menschenschuld ausschließt: »Das Blut Jesu Christi, des Sohnes Gottes, macht uns rein von aller Sünde.«

Ein Brief aus Brasilien

Auf den Seiten 25ff. dieses Buches habe ich von der für mich unvergeßlichen Zeit berichtet, in der Gott in unserer Jungmännerarbeit und auf unsern »Bauernburschenlagern« einen herrlichen erwecklichen Aufbruch schenkte. An diese Zeit und ihre Auswirkungen wurde ich besonders eindrücklich im Jahre 1978 durch den Brief eines Freundes aus Brasilien erinnert. Er war 1924 zum Glauben an Jesus gekommen. Er schrieb:

»Zur Stärkung möchte ich Dir, lieber Hans, mitteilen, daß Deine Liebesbemühungen um uns damals nicht vergeblich waren. Wie Du weißt, sind wir drei Brüder in Neuendettelsau zu Missionaren ausgebildet worden, und wir durften inzwischen vielen Menschen den Weg zu Jesus zeigen.

Seit vielen Jahren bin ich mit meiner Familie hier in Brasilien. Meine Frau und ich durften schon über 50 Jahre im Weinberg des Herrn mitarbeiten. Aber nicht nur wir beide, sondern unsere ganze Familie. Wir haben vier Söhne und zwei Töchter. Zwei Söhne sind Pfarrer und zwei Missionare. Die eine Tochter hat einen Missionar und die andere einen Pfarrer geheiratet. Alle Schwiegersöhne und Schwiegertöchter stehen sehr treu schon über 20 Jahre in der Nachfolge und im Dienst Jesu. Außerdem haben wir 24 Enkelkinder, die auch schon zum größten Teil in der Jugendarbeit mithelfen und Jesus nachfolgen wollen.

Wahrscheinlich komme ich nie mehr nach Deutschland. Ich möchte Dir aber noch einmal für alle Deine Bemühungen herzlich danken, auch im Auftrag aller unserer Kinder, daß Du nicht nachgelassen hast, bis wir eine klare Entscheidung für Jesus getroffen hatten. Hier siehst Du nun einige Früchte Deines Eifers von damals, der nicht vergeblich war. Unser treuer Herr segne Dich und Dein Wirken in Oberstdorf! Wir freuen uns auf ein Wiedersehen in der Herrlichkeit.«

In der Nähe des Vaters

Unerwartet und unbemerkt kam ich einmal in die Küche, in der sich meine vier ältesten Söhne gerade über die Durchführung irgendeiner Arbeit unterhielten. Der älteste Sohn war fast die ganzen Jahre auswärts gewesen und kannte darum den Willen und die Wünsche des Vaters nicht so wie die drei andern Buben, die ständig um mich herum waren. Er wollte aber in diesem Falle die Entscheidung treffen und sagte: »Das machen wir einfach so!« Wie aus einem Munde gaben die drei anderen zurück: »Das kommt nicht in Frage! Eine solche Ausführung ist nicht im Sinne des Vaters. Darüber könnte er sich ärgern. Wir wollen ihn erst fragen.«

Ist diese kleine Begebenheit nicht ein Hinweis darauf, wie es auch im Christenleben zugeht? Solche Christen, die in der Nähe ihres himmlischen Vaters, in ständiger Verbindung mit ihm sind, brauchen gar nicht viel zu fragen: »Was will mein Vater? Womit erfreue oder bekümmere ich ihn? Darf ich dieses und jenes, oder soll ich es lassen?« Der Wille des Vaters wird ihnen immer vertrauter, und sie vermeiden alles, womit sie ihren Vater betrüben könnten. Diejenigen aber, die durch Untreue in ihrem Glaubensleben, durch mangelnden Eifer zum Gebet und zum Bibellesen, durch Ungehorsam in diesem und jenem Stück sich vom Vater und vom Vaterhaus entfernen, werden immer unsicherer und unkundiger, was denn der Wille Gottes sei und schlagen gefährliche eigene Wege ein. Sie machen dem Vater und oft auch sich selber viel Herzeleid.

Wie ein großes Unglück vermieden wurde

Wenn ich in Gunzenhausen gegen 21.30 Uhr von der Männerstunde mit dem Fahrrad nach Hause fuhr, mußte ich jedesmal eine Bahnlinie überqueren. Sehr oft fuhr dann gerade der fahrplanmäßige Zug aus Nürnberg vorbei, und die Schranke war geschlossen.

Einmal hatte ich wieder den Bahnübergang erreicht. Das Bahnwärterhäuschen war dunkel, und die Schranken waren nicht geschlossen. Als ich etwa 30 Meter über die Geleise hinweg war, hörte ich den Zug kommen. Das Einfahrtsignal des nahen Bahnhofs war offen. Ich drehte mich um, um zu sehen, ob der Schrankenwärter immer noch nicht die Schranken schloß. Es war dazu nämlich allerhöchste Zeit; denn aus der Stadt sah ich zwei Paar scharfe Autolichter in rasendem Tempo näherkommen. Ich handelte dann schnell selber, sprang zurück und ließ die Schranken herunter. Nur so konnte ein großes Unglück vermieden werden. Die beiden Autos stoppten vor der geschlossenen Schranke gerade in dem Augenblick, in dem der Zug die Straße überquerte. Da erst erschien der Schrankenwärter, aus dem Schlaf aufgeschreckt.

Immer, wenn ich fortan die Bahnstrecke überquerte, dachte ich dankbar daran, daß ich, von Gottes Hand getrieben, so schnell und geistesgegenwärtig gehandelt hatte. Gott hatte mich gebraucht, um im letzten Augenblick ein Unglück zu verhindern. Dann ging es mir durch den Sinn: Wie viele Menschen gehen in die ewige Verdammnis, weil niemand »die Schranken herunterläßt«, niemand sie warnt, niemand die Verantwortung ihnen gegenüber wahrnimmt. Man überläßt diese vielleicht den »Hauptamtlichen«, dem Pfarrer, Prediger oder Jugendwart. Aber hat nicht jeder Christ eine Verantwortung für die, welche noch nicht gerettet sind?

Wenn in jener Nacht am Bahnübergang ein Unglück passiert wäre, wäre nach dem Gesetz der säumige Schrankenwärter zur Rechenschaft gezogen worden. Aber ich, der ich die Gefahr gesehen hatte, hätte mich vor Gott nicht der Verantwortung entziehen können.

Vom Siegeszug des Büchleins »Drei am Himmelhorn«

In dem genannten Büchlein ist die Geschichte vom Leben und frühen Sterben meiner Söhne Martin, Walter und Richard erzählt. Es ist darin vom Trost Gottes im tiefen Leid und von mancherlei Segenswirkungen des rätselvollen Geschehens die Rede. Es ist eigenartig und für mich Grund zum Danken und zum Staunen, wie dieses Büchlein seinen Weg in alle Welt hinaus gefunden hat, sogar in sehr abgelegene Gegenden unserer Erde.

Es war bei der Konferenz für Weltevangelisation in Lausanne (Schweiz) im Jahre 1974, an der ich teilnehmen durfte. Ich war kaum einen halben Tag dort, da kam ein tiefschwarzer Bruder auf mich zu, streckte mir drei seiner Finger entgegen und sagte immer wieder »three (drei)«. Weil ich nicht verstand, was er damit meinte, bat ich eine Liebenzeller Missionarin, die mit der englischen Sprache gut vertraut war, doch herauszufinden, was der schwarze Bruder wollte.

Ihre Bemühungen waren schnell erfolgreich. Er wollte mich fragen, ob ich ein Büchlein von meinen drei Söhnen bei mir habe. Wie er erfahren hat, daß ich der Vater bin, weiß ich nicht. Zum Glück hatte ich zehn Exemplare des Bändchens mitgenommen. Als ich ihm eins davon gab, hüpfte er in großer Freude davon.

Gleich darauf trat ein zweiter schwarzer Bruder aus Johannesburg in Südafrika auf mich zu mit einem ähnlichen Wunsch. Nach der großen Evangelisationversammlung mit Billy Graham im Stadion von Lausanne kam dann sogar ein Feuerlandindianer aus Südamerika zu mir, umarmte mich und sagte immer wieder: »Vati! Vati!« Seine in gebrochenem Deutsch abgegebene Erklärung lautete: »Buch von deinen drei Jungen verliehen und nicht mehr zurück! Du eins dabei haben?«

Alle zehn Büchlein waren schließlich verteilt. Auch Australien und Indonesien gehörten zu den Ländern, in die sie hinausgingen.

Weitere Bücher von Arno Pagel

Von Arno Pagel liegen im Verlag der Francke-Buchhandlung sechs Bücher mit Kurzbiographien vor, in denen Personen des neueren deutschen Pietismus vorgestellt werden. In insgesamt 127 Lebensbildern lernen wir Menschen kennen, die uns auf ihrem Weg mit Gott beispielhaft vorrausgingen.

Die Titel lauten:

SIE WIESEN AUF JESUS

TELOS-Paperback Nr. 2007

SIE FÜHRTEN ZU CHRISTUS

TELOS-Paperback Nr. 2008

SIE RIEFEN ZUM LEBEN

TELOS-Paperback Nr. 2009

ER WEISS DEN WEG

Edition C, Nr. C 16

ER BRICHT DIE BAHN

Edition C, Nr. C 17

ER FÜHRT ZUM ZIEL

Edition C, Nr. C 18